企業のリアルな事例でわかる

SDGsの
課題別推進方法

Kanie Norichika　　Sakuma Shinya　　Takagi Cosmo
蟹江 憲史・佐久間 信哉・高木 超

［著］

第一法規

はじめに

　SDGsが国連で採択された当初、これほどまでに世界が「止まる」出来事が起こると想像した人はどれだけいただろうか？2020年初頭に世界を襲ったパンデミックは、「行動の10年」に入った直後のSDGs達成へ向けた行動に急ブレーキをかけた。貧困率はこれまでの20年で初めて上昇し、1億1900万人以上が新たに貧困に陥ってしまった。世界児童生徒の実に90%以上がコロナ禍の影響を受け、教育推進にも大きなダメージが加わった。金融市場や世界貿易への影響も含め、挙げれば文字通りきりがないほどの影響により、ただでさえ達成困難であったSDGsの実現が、より困難になったと、国連事務総長は語る。

　そもそもSDGsには、感染症やワクチンに関する言及が極めて少ない。このこと自体が、人類がこのパンデミックの到来を予想だにしていなかったことを鮮明にしている。研究者や一部の知識人が鳴らしていた警鐘は、SDGs策定時には未だ大きな声となってはいなかった。

　逆に言えば、SDGsで目標として掲げられた課題は、少なくとも2015年時点でより多くの人々の意識が向けられた課題だ、ということになる。感染症でさえ、これほどの大きな影響を及ぼすとすれば、その他の課題がその牙をむいたときに、どれほど大きな影響を及ぼしうるか、想像するのも恐ろしいほどである。

　そのことに多くの人々が気付き始めたのだろうか、コロナ禍以降、SDGsへの関心はとりわけ高くなっているように感じる。メディアの取り上げ方は加速度を増し、環境や社会の健全な成長を求めるESG投資やサステナブル投資は増大傾向を強める。自治体や

企業の関心も高まり、その内容も充実しつつある。

　中でも変革が必要なのは、我々の生活や活動に入り込む部分が大きい、企業活動だ。ここに手を付けていかない限り、社会の変革は程遠い。同時に、一企業の利益を求める経済活動と、格差のような社会問題や環境問題解決を含めた、社会全体の利益とのバランスをとることの難しさは、これまでの歴史でも経験してきたことだ。この部分をいかに調和させ、企業活動とSDGs達成とが同じ方向を向いて進むことが出来るのか。これは、持続可能な社会達成へ向けた本質的な課題である。

　本書は、この点に切り込んでいくことを目指している。SDGsの目標達成を本業の中で実現していくとはどういうことなのか、そのためには何が必要なのか。認知度向上や、本業以外の部分でのSDGsへの貢献を超えた取り組みを進めるためのエッセンスがどこにあるのか。本書で取り上げた企業も、SDGsの全ての側面を考えながら取り組みを進めるまでには至っていない部分も、まだまだ多い。しかしそのうえで、本業の中でのSDGs達成を真剣に考えて取り組んでいる企業群である。

　xSDGコンソーシアムのパートナー企業を中心とした彼らの活動から、何らかのヒントや、変革へ向けたエッセンスを読み取っていただければ幸いである。

2021年7月27日

著者を代表して　蟹江憲史

目　次

第3章　SDGsの達成に向けて

コロナの先のSDGs達成へ向けて

企業のための SDG 行動リスト ver.1

執筆者紹介

※本文中のSDGsの目標及びターゲットの文言は、「SDGsとターゲット新訳」
　制作委員会「SDGsとターゲット新訳」による。

第1章

SDGsの概要と最近の動向

SDGs の基本原理と企業にとっての意義

　最近、SDGs という言葉を見たり聞いたりしない日がないくらい、巷に溢れている。毎日のように、テレビや新聞をはじめ、雑誌などでも取り上げられているし、企業の CM にまで登場している。

　しかし、SDGs をしっかり理解している人は、どれくらいいるのだろうか。

　2019年に、世界経済フォーラムが28カ国を対象に行なった認知度調査では、日本は最下位であった。もちろん、国民性の違いは考慮に入れなくてはならないが、国内で新聞社が定期的に行なっている認知度調査の2020年12月の結果でも、「聞いたことがある」と答えた人はようやく 2 人に 1 人に近づいたが、内容を理解している人はどれくらいいるだろうか。結果では、「詳しく知っている」と答えた人は 2 割に届かなかった[1]。

　そこで、本書の第 1 章では、まずは企業が SDGs に取り組むために、最低限押さえておくべき SDGs の概要と企業経営に関連が深いと思われる最近の動向をコンパクトに取り上げる。

　今、本書を手に取っている読者の中には、何を今さらと思われる方もいるかもしれない。そういう方には、知識・理解の確認、言わばおさらいの気持ちで読んでいただければ幸いである。

　なお、一刻も早く企業の取り組み事例を知りたい場合は、第 2 章で紹介する10の事例や取り組み方法を読んでから、本章に戻り、そ

1　朝日新聞社（2020）「SDGs 認知度調査第 7 回報告」

の理解を深めることもできる。いずれにせよ、取り組みを推進する
上で、土台となる SDGs の概要や基本的な知識は不可欠であるこ
とは強調しておきたい。

重要な 2 つの理念と 5 P の原則

　SDGs（Sustainable Development Goals）という言葉が、分かり
やすく訴求力があることがかえって災いしているのかもしれない。
あるいは、後述するシンプルな構造や目を引く目標ごとのカラフル
なロゴを前面に押し出した国連の世界を巻き込んだ普及啓発キャン
ペーンが成功し過ぎているせいかもしれないが、SDGs を含めた全
体構造を理解している人は少ないように思う。

　2015年 9 月25日にニューヨークの国連本部で開催された193の国
連加盟国の首脳らが集まる国連サミットにおいて、全会一致で採択

2030アジェンダの構成
【前文】
「人間、地球及び繁栄のための行動計画」
「貧困を撲滅することが最大の地球規模の課題」
「我々の世界を変革する」
「誰一人取り残されない」
「5 P」
「経済、社会及び環境の三側面を調和させる」
【宣言】
「ビジョン」、「共有する原則と約束」、「新アジェンダ」、「実施手段」、
「フォローアップとレビュー」、「行動の呼びかけ」
【SDGs（持続可能な開発目標）とターゲット】
「17の目標と169のターゲット」
【実施手段とグローバル・パートナーシップ】
【フォローアップとレビュー】
「国内レベル」、「地域レベル」、「全世界レベル」
（「持続可能な開発のための2030アジェンダ」（外務省仮訳）を参考に作成）

図表 1 - 1　2030アジェンダの構成図

された決議文書のタイトルは、「我々の世界を変革する：持続可能な開発のための2030アジェンダ」（Transforming our world：the 2030 Agenda for Sustainable Development：以下、2030アジェンダ）である。SDGs は、その中核を構成するものである。

　決議文書は35ページに及ぶ。序盤の1ページから12ページにかけては、「前文」から始まり「宣言」が記述されている。中盤の13ページからは「持続可能な開発目標（SDGs）とターゲット」が登場し、SDGs とそれに紐付くターゲットについての記述となる。終盤の28ページからは「実施手段とグローバル・パートナーシップ」、「フォローアップとレビュー」と続き、最後に結語で締め括られている。2030アジェンダでは、イントロダクション、ビジョン、共有原則とコミットメント、項目ごとの新アジェンダの内容、実施手段、フォローアップとレビュー、そして世界を変える行動の呼びかけが記述されている。これらは、政府、企業や NGO などの団体であるか個人であるかを問わず、SDGs に取り組むすべての主体にとって、目標やターゲットへの具体の取り組みを行う際に、必ず踏まえるべき判断の原則的な基準を提供している。このアジェンダが如何なるバリューを重要だと考え、どこを軸にしているのか、つまりこのアジェンダのフィロソフィー自体が記されているのだ。実際に、それぞれの目標やターゲット同士で、現実世界にあてはめるとトレードオフの関係にあるものも多く、取り組みを進めれば進めるほど、いわば板挟みのような状況に陥りがちである。その時のよりどころになるのが、このフィロソフィーだといってよい。

　すなわち、SDGs を正確に理解し取り組むためには、2030アジェンダの全体像を把握しそこに書かれている内容を知っておく必要がある。

　その中でも、特に重要なのが、二つの理念である。

　その１つは、2030アジェンダのタイトルにもなっている、「我々の世界を変革する」ことである。2030アジェンダが掲げる目指すべき世界像、つまり SDGs の目標やターゲットは、現実の世界との乖離が大きいものが多い。「最高に野心的かつ変革的」と表現されたビジョンは、貧困、飢餓、病気や恐怖と暴力からの解放、質の高い教育、保健医療などへの公平・普遍的なアクセスを始め、多くの世界的課題の解消を盛り込んでいる。これを2030年までに行うというのだ。

　例えば、貧困について考えてみると、貧困を生み出す要因は、政治体制、紛争や災害など、国や地域によって様々であり、一様に解決できるものではない。今回の COVID-19によるコロナ禍で状況はさらに悪化している。また、仮に世界の貧困率が劇的に改善されたとしても、それは絶対的貧困がなくなるだけであり、相対的貧困の解消とは別問題である。2030アジェンダでは、あらゆる形態と側面における貧困の撲滅を謳っていることから、この相対的貧困も解消しなくてはならないことになる。日本でも、厚生労働省の国民生活基礎調査結果によれば、2018年の「子供の貧困率」は OECD 諸国の中でも高い約13.5% であり、これは子供７人に１人が相対的貧困の状況に置かれていることとなるが、現状の社会制度を前提とすればこの課題の解消は極めて困難であると言わざるを得ない。だからこそ、「世界の変革」が必要となるのである。言い換えるなら、今の世の中を大きく変えることが、SDGs 達成に不可欠の前提となっているのである。

　もう１つは、「誰１人取り残されない」ことである。この理念も、前文を含めて複数回アジェンダの中で登場する。アジェンダで

は、SDGs に取り組むプレーヤーは、あらゆる人たち、特に声を上げにくい社会的に弱い立場にある人に思いを馳せ、最も遅れているところに第一に手を伸ばすべく努力しなければならない、と書かれている。なお、この「脆弱な人」とは、具体的には、子供、若者、障害者、HIV/エイズと共に生きる人々、高齢者、先住民、難民、国内避難民、移民を含むと書かれているが、これにとどまらない。例えば、LGBTQ なども、諸事情により目標やターゲットには具体的には記載されなかったが、日本の政府、企業などが SDGs に取り組む際には、必ず考慮に入れるべきであることは言うまでもない。

　ここまでの言及で気づいたかもしれないが、SDGs はその実施の最終的な責任を国に求めている。今の国際制度では世界政府がない以上、国連や国際社会は最終的な責任を負うことができない。実施の如何は国による政治的意思にかかっているわけである。国連は世界的実施状況をまとめることはできるが、実施については各国が責任をもって、国内事情を踏まえながらもグローバルな目標達成についてテーラーメードのターゲットを策定していくことが求められている。

　もう一点重要なのは、2030アジェンダには繰り返し、SDGs の17の目標と169のターゲットは一体で不可分なものであることが書かれている。つまり、目標やターゲットを一つだけ取り上げて、SDGs に貢献しているということはできず、すべての観点を含みながら考える必要があるということである。この点は、企業が SDGs 達成への貢献を見ていく際に特に留意すべき点である。SDGs には総合的視点が求められており、その視点が17の目標、169のターゲットという形で提供されているのである。

　こうした理念の下、5つの原則が掲げられる。5つとは、人間（People）、地球（Planet）、繁栄（Prosperity）、平和（Peace）、パートナーシップ（Partnership）に関するものであるが、英語の頭文字がすべてPであることから「5つのP」とも呼ばれる。この5つもまた、相互に不可分に関連している。まず、人間が貧困と飢餓から解放され、尊厳と平等を実現するためには、人と地球が両立できることが求められる。その上にこそ、豊かで満たされた生活である繁栄を享受できるのだが、その持続可能性は平和にかかっている。そして、それらは、すべての国、すべてのステークホルダー及びすべての人の参加を得た「グローバル・パートナーシップ」によって、初めて実現可能となる。この「グローバル・パートナーシップ」は、SDGs実現のための鍵であり、国や地方政府などのパブリックセクターはもとより、企業などのプライベートセクター、

図表1-2　5Pの捉え方（出典＝国際連合広報局（※当時）資料）

NGO などの市民社会、国連機関などあらゆる資源の投入が、連帯の精神の下に行われる必要がある。これは、気候変動などのますますボーダレス化・複雑化する様々な社会的課題に対して、公共・民間の垣根を超えて連携・協働することによってこそ、課題の解消が可能になるということである。

シンプルな構造（17の目標と169のターゲット）

　先に述べたように、SDGs は、目標（Goal）とターゲット（Target）は、一体で不可分なもの（integrated and indivisible）であることが強調されている。その上で、各国政府がそれぞれの国家計画や政策などに反映すべきことが述べられている。国による責任の重大さである。これに続き、すべての国連加盟国によって合意された17の目標と169のターゲットが示されている。

　17の目標の下に連なる169のターゲットは、到達予定年次や定量化した達成状況をも含めた、より具体的な達成目標が描かれている。例えば、ターゲット1.1では、「2030年までに、現在のところ1日1.25ドル未満で生活する人々と定められている、極度の貧困[2]をあらゆる場所で終わらせる」となっている。また、1.2では「2030年までに、各国で定められたあらゆる面で貧困状態にある全年齢の男女・子どもの割合を少なくとも半減させる」と同様に具体的に記されており、日本に当てはめると、例えば子どもの相対的貧困率を現在の13.5% から6.75% 以下にするといったことが当てはまるだろう。ただし、実際には日本政府は子供の貧困率をターゲットとして掲げることはしていない。2030アジェンダを素直に読めば、政府は

2　世界銀行は、国際貧困ラインを2015年10月に1日1.9ドルに改訂している

るSDGs ホイールもこのプロジェクトの成果であり、スウェー
ン出身のデザイナーであるヤーコブ・トロールベック氏らがその
核にいる。

日本では、博報堂の川廷昌弘氏をはじめとする有志のボランタ
ーな活動によって、優れて伝わりやすい日本語化が行われた。優
たパートナーシップによって日本語化されたコピーが作り出され
こと自体が、正にSDGs にふさわしいと言える。

標ベースのガバナンスとバックキャスティング

SDGs には、17の目標と169のターゲットしかない。多国間の取

界貿易機関を設立するマラケシュ協定（WTO 協定）

世界貿易機関を設立するマラケシュ協定（WTO設立協定）

物品の貿易に関する多角的協定［ANNEX 1A］

　　　　千九百九十四年の関税及び貿易に関する一般協定（1994年のGATT）
　　　　農業に関する協定
　　　　衛生植物検疫措置（SPS）の適用に関する協定
　　　　繊維及び繊維製品（衣類を含む）に関する協定
　　　　貿易の技術的障害（TBT）に関する協定
　　　　貿易に関連する投資措置に関する協定（TRIMs）
　　　　アンチ・ダンピング協定
　　　　関税評価に関する協定
　　　　船積み前検査に関する協定（PSI）
　　　　原産地規則に関する協定
　　　　輸入許可手続に関する協定
　　　　補助金及び相殺措置に関する協定（SCM）
　　　　セーフガードに関する協定

　　　　サービスの貿易に関する一般協定（GATS）［ANNEX 1B］
　　　　知的所有権の貿易関連の側面に関する協定（TRIPS）［ANNEX 1C］
　　　　紛争解決に係る規則及び手続に関する了解［ANNEX 2］
　　　　貿易政策検討制度（TPRM）［ANNEX 3］
　　　　複数国間貿易協定［ANNEX 4］（注）

　　　　　　民間航空機貿易に関する協定
　　　　　　政府調達に関する協定

）国際酪農品協定及び国際牛肉協定は、1995年から3年間有効とされていたが、
8年以降の延長はしないとの決定がなされたため、1997年末に失効した。

図表 1 - 4　「WTO 協定の構成図」
（出典＝経済産業省「不公正貿易報告書」）

こうしたターゲットを今後掲げていくことが求められる。

また、目標17のターゲットは、その内容が資金、技術、能力構
築、貿易、実施体制、モニタリングなど広範に及び、その数も17の
目標中最大であり、「グローバル・パートナーシップ」がなければ
SDGs の達成がおぼつかないことが伝わってくる。なお、ターゲッ
ト17.19には、「2030年までに、持続可能な開発目標の進捗状況を測
る、GDP を補完する尺度の開発に向けた既存の取り組みをさらに
強化し」とある。GDP については、これまでも家事労働が含まれ
ないことや経済的価値だけでなく、国民の健康や社会・環境などに
ついても重要であり加味すべきとの立場から、各国の豊かさを表す
指標としては不十分であると言われて久しい（Stiglitz et al.
2009）。とはいえこれを代替するものは未だない。「誰一人取り残さ
れない」という理念から考えれば、一人ひとりが幸せになることに
なろう。指標は人の行動に影響することから、こうした指標の開発
が求められるところである。

こうして連なる17の目標と169のターゲットがSDGs のすべてで
あり、その構造のシンプルさ自体が、SDGs の特徴につながってい
る。

SDGs のメッセージ性を大きく高めているのが、17の目標ごとに
作られたアイコンとそれに添えられている簡潔な言葉（コピー）で
ある。アイコンをこのように見せるのは、「ノッティングヒルの恋
人」や「ブリジット・ジョーンズの日記」等の映画でも知られるリ
チャード・カーティス氏を中心とするプロジェクトによるものであ
る。国連が、その決定事項について、一般の人とのコミュニケー
ションにこれほどまでに力を入れたのは初めてといってよい。日本
でも多くのビジネスパーソンが上着につけているバッジにもなって

《SDGs の17の目標（新訳）》

 目標 1. あらゆる場所で、あらゆる形態の貧困を終わらせる

 目標 2. 飢餓を終わらせ、食料の安定確保と栄養状態の改善を実現し、持続可能な農業を促進する

 目標 3. あらゆる年齢のすべての人々の健康的な生活を確実にし、福祉を推進する

 目標 4. すべての人々に、だれもが受けられる公平で質の高い教育を提供し、生涯学習の機会を促進する

 目標 5. ジェンダー平等を達成し、すべての女性・少女のエンパワーメント（※1）を行う

 目標 6. すべての人々が水と衛生施設を利用できるようにし、持続可能な水・衛生管理を確実にする

 目標 7. すべての人々が、手頃な価格で信頼性の高い持続可能で現代的なエネルギーを利用できるようにする

 目標 8. すべての人々にとって、持続的でだれも排除しない持続可能な経済成長、完全かつ生産的な雇用、働きがいのある人間らしい仕事（ディーセント・ワーク）を促進する

 目標 9. レジリエントなインフラを構築し、だれもが参画できる持続可能な産業化を促進し、イノベーションを推進する

 目標 10. 国内および各国間の不平等を減らす

 目標 11. 都市や人間の居住地をだれも[...]リエント（※2）で持続可能にする

 目標 12. 持続可能な消費・生産形態を[...]

 目標 13. 気候変動とその影響に立ち向[...]実施する

 目標 14. 持続可能な開発のために、海[...]持続可能な形で利用する

 目標 15. 陸の生態系を保護・回復する[...]用を推進し、持続可能な森林管理を[...]め、土地劣化を阻止・回復し、生物多[...]

 目標 16. 持続可能な開発のための平和[...]社会を促進し、すべての人々が司法を[...]あらゆるレベルにおいて効果的で説明[...]しないしくみを構築する

 目標 17. 実施手段を強化し、「持続可[...]バル・パートナーシップ」を活性化[...]

（※1）エンパワーメント：一人ひとりが、自らの[...]変革していく力を身につけること
（※2）レジリエント：レジリエンス（回復力、立[...]しなやかな強さ）の形容詞

図表 1-3「17の目標一覧表（新訳）」（出典＝「SDGs とターゲット新訳」制作 委員会が作成（2020年9月公開）したものから17の目[...]

り決めにありがちな細かい様々なルール、原則、規則の下にある意思決定や紛争解決の手続きについての定めがない。例えば、WTO（世界貿易機関）は、1994年のウルグアイ・ラウンドにおける各国の合意（「世界貿易機関を設立するマラケシュ協定」）により1995年に設立されているが、協定本文で組織や意思決定について規定されているだけではなく、より細かな分野ごとの協定や紛争解決などについて規定する附属書が 4 つ存在する。その附属書から派生する協定（例えば、政府調達に関する協定）の下にも、さらに附属書が存在する。

　SDGs は、このようなルールの集合体と考えられる「国際レジーム[3]」とは、その仕組みが異なる。2030アジェンダでは、ビジョン（目指すべき世界像）を示し、それを実現するための17の大きな目標と169の少し細分化した具体的なターゲットを設定しているだけである。合意した各国には、国内の進捗が芳しくなくとも国連や他の合意国からペナルティを受けることはない。要は、どういう手段を取るかは自由であり、各国政府に任せられているのである。その意味では、国際合意が本来持っている国際規範形成という原点に立ち返ったのが SDGs であるといってもよい。

　SDGs のように、詳細な実施ルール等は規定せず、目標だけを掲げて進めようとするグローバル・ガバナンスを本書の著者である蟹江らの研究グループでは「目標ベースのガバナンス」（Governance Through Goals）と名付けた[4]。これは、地球環境変化の人間的側

3　クラズナーは、レジームを「所与の争点領域においてアクターの期待が収斂するところの明示的もしくは暗黙の原則、規範、ルール、及び意思決定手続き」であると定義している（スティーブン・D. クラズナー編、河野勝監訳『国際レジーム』（2020）勁草書房 ., p. ⅲ.）。

4　蟹江憲史 他（2017）

面を対象とした地球システムガバナンスの研究グループを中心に、3年余りの月日をかけて検討をした結果である（Kanie and Biermann 2017）。国連でこのように広範な分野で、目標ベースのグローバル・ガバナンスを行うのは初めてであり、極めてチャレンジングな取り組みであり、その成功の如何は今後の進捗にゆだねられる。ただし、企業や NGO などの民間セクターにとっては、方法が自由というのは取り組みに参加しやすいし、したがってモチベーションも湧きやすい可能性もある。

　目標を設定して、そこから翻って現在の状況に戻り、シナリオを策定することをモデリングやシナリオの世界では「バックキャスティング（Backcasting）」と呼ぶ。掲げられた未来の高い目標を実現することから始まり時間を遡って現在に至るまでの道筋、つまり現状に拘束されない実現すべき未来からシナリオを作ることにそのエッセンスはある。現状を前提として、その積み重ねで未来への道筋を描くのでは目標の実現にたどり着かなかったり、かなり無理をしてシナリオを策定する必要が出てくる。現状からスタートする考え方は、「フォアキャスティング（Forecasting）」と呼ばれる。それに反して、目標の実現を前提として、現状ベースではそれに届かないから届くためにはどのような資源が必要となるのかといった点を考え、シナリオを策定するのだ。

　このバックキャスティングによる成功例は、ジョン・F・ケネディ第35代米国大統領が、1961年に10年以内の人類初の月面着陸の成功を宣言したことから始まった「アポロ計画」である。「ムーンショット」といわれるその手法を見れば、バックキャスティングの現実への影響力もわかるのではなかろうか。

フォローアップとレビュー

　SDGsは目標とターゲットしかない極めてシンプルなものだが、国連では唯一行うことがある。それは「測る」ことである。実際には、2030アジェンダの中で、フォローアップとレビューと題した項目を設け、決議案全35ページ中5ページを割いて記述している。冒頭のパラグラフで、「フォローアップ・レビューの枠組みは、実施への貢献に不可欠」であり、「本アジェンダの実施を最大化し、その進捗をしっかりと把握することを支援する」と説明している。このフォローアップとレビューを行うことは、「各国の状況、能力、必要性、優先事項に対応したものとする」として第一義的には各国政府の責任とされている。

　測るための道具の一つとしての「指標」については、グローバル指標を「SDG指標に関する機関間専門家グループ（IAEG）」がその枠組みを策定し、「2016年3月に国連統計委員会で合意され、既存のマンデートに基づき国連経済社会理事会及び総会で採択される」とされたが、実際に採択されたのは2017年7月であった。当時採択されたのは、244の指標（重複を除くと232）であり、その後も議論が続けられ、進化し続けている。

　この指標を使った世界全体での進捗状況は、「持続可能な開発目標報告書（The Sustainable Development Goals Report）」として国連事務総長が毎年まとめ、公表している。例えば、2021年の報告書[5]の目標1.「あらゆる場所で、あらゆる形態の貧困を終わらせる」を見てみると、世界の極度の貧困率が2015年の10.1%から2019年の8.4%と徐々にではあるが減少してきたことがわかる。そして、新

5　United Nations（2021）: The Sustainable Development Goals Report 2021.

15

型コロナウイルスの影響により、2020年には最大で1億2400万人増え、9.5％と2017年のレベルにまでSDGs開始後初めて後退することが記された。また、パンデミック以前の推計でも、2030年には6％にまでしか至らず、貧困の根絶は困難視されていたがパンデミックにより7％とさらに困難となった。こうした状況を見ると、社会制度や経済制度の改革を含め、大胆な改革が必要とされていることが理解できる。

　グローバル指標を補完するものが、ローカル指標である。2030アジェンダでは、グローバル指標は「各国や地域レベルで策定される指標によって補完される」とされた。日本においては、グローバル指標を参考に国内指標への変換を行なっているものが、内閣府が事務局を務めた「地方創生SDGsローカル指標リスト」（2019年8月）である。しかし、変換はそう単純なことではない。例えば、ターゲット1.1「2030年までに、現在のところ1日1.25ドル未満で生活する人々と定義されている、極度の貧困をあらゆる場所で終わらせる」のグローバル指標は、「国際的な貧困ラインを下回っている人口の割合」であるが、日本ではこのような基準でデータを取っている統計がないため、代替する指標が挙げられなくなる。

　こうして、現在のところ125のグローバル指標について、ローカル指標への変換が行われるに止まっている（2021年4月1日現在）。

　そのため、重要さを増しているのが、ローカルレベルでの「独自指標」である。例えば、2018年にSDGs未来都市に選定された北海道の下川町では、「人と自然を未来へ繋ぐしもかわチャレンジ」と題したSDGs推進計画を作成し、下川版SDGsの7本の柱を測るための指標として「自分の好きなことや生きがいのある住民率[6]」（SDGsのターゲット4.3に関連）を2030年には80％以上にすると設

定した。同様に、SDGs未来都市に選ばれた神奈川県では、「未病
指標の利用者数[7]」（SDGsのターゲット3.d及び9.5に関連）を2030
年には100万人にすると指標を設定している。全国一律のローカル
指標によって進捗を測るのは、それぞれの都市の単純比較が可能と
なり、一見良さそうにも見える。しかし、もともと都市ごとに、設
定している目標が異なるため、その測定指標も異なるというのは自
然なことである。グローバルな共通指標と、ローカルでの目標やそ
の計測指標をどのように共通化し、どのように独自の指標を共通レ
ベルでの進捗評価へとつなげるか。この課題解決がSDGsローカ
ル化の一大テーマでもある。

経済、社会、環境の統合

　経済と環境は、長い間、互いに相容れない対立概念のように捉え
られるのが一般的であった。国連でも、1972年に国連人間環境会議
（通称：ストックホルム会議）が開催され、開発（経済発展）と環
境について初めて議論されたが、両者が一体なものとして議論され
るには、1992年の国連環境開発会議（UNCED、通称：地球サミッ
ト）まで待たなくてはならなかった。その背景には、1987年に発表
された「環境と開発に関する世界委員会」（WCED、通称：ブルン
トラント委員会）の報告書 "Our Common Future" がある。この報
告書の中では、「持続可能な開発」の概念を提示し、「将来世代の
ニーズを充足する能力を損なうことなしに、今日の世代のニーズを
満たしうるような開発」と定義した。世代間の公平性の維持という

6　下川町「SDGs未来都市等進捗評価シート」
7　神奈川県「神奈川県SDGs未来都市計画（2021～2023）」

正義の問題として環境を捉えるこの定義は、現在でも広く使われており、その考え方は、気候変動に対する Climate Justice（気候正義）などにも見ることができる。

　「地球サミット」で出された「リオ宣言」は、全文と27の原則で構成され、開発と環境が不可分であると謳った上で、その後の議論を方向づけた様々な原則が記述されている。例えば、先進国と発展途上国間の「共通だが差異ある責任原則（CBDR）」は、2030アジェンダの中でも、我々の共有する原則と約束として、再確認されている。しかしこの時は、「リオ宣言」に基づく持続可能な開発を実施するための自主的行動計画「アジェンダ21」が策定され、国連、各国、地方自治体、企業及び NGO などの熱心な参加も見られたものの、SDGs のような大きなムーブメントにはならなかった。当時はまだ、世界各国で政治や経済に携わる多くの人にとって、環境はあ

図表1-5　「ストックホルム会議からSDGs採択までの流れ」(出典＝蟹江作成)

くまで経済発展プロセスにおける一つの配慮事項に過ぎなかったのであり、また、多くの市民も、住んでいる地域の環境には高い関心を持っていても地球環境にはそれほど関心を持っていなかったというのが実態であった。

　その後、2000年を機に開催された「ミレニアム・サミット」で、「ミレニアム宣言」が採択された。そのエッセンスを国連事務局が抽出したのがSDGsの前身である「ミレニアム開発目標（MDGs）」である。MDGsは、8つの目標、21のターゲット、60の指標で構成される三層構造をもつ。この構造はSDGsにも引き継がれている。しかし、MDGsが主な狙いとしたのは発展途上国であり、貧困や飢餓などの様々な課題を開発（経済発展）によって解消し、それを先進国のODAで支えることに主眼が置かれたため、開発と環境の一体化や、先進国も対象とした地球規模の共通の課題設定とは

図表1-6　「MDGsのロゴ、構成図」（出典＝日本ユニセフ協会ホームページ）

ならなかった。

　こうした時代を経て2009年、その後の議論に強い影響を与える「プラネタリー・バウンダリー（地球の限界）」という概念が発表された。これは、ヨハン・ロックストローム氏らによる科学的研究の成果であり、科学誌「ネイチャー（Nature）」の2009年9月号に掲載された。この研究は、ロックストローム氏自身の言葉を借りれば、世界には発展のための新しいパラダイム、つまり「安定的で回復力のあるプラネタリー・バウンダリーの範囲内で、貧困の緩和と経済成長を追求するという発展のパラダイム」が必要であるということを最新の科学的知見に基づいて提示したのである[8]。そして、設定された9つの限界のどの辺りに地球の状態があるのかを特定し、わかりやすく表現した。

　地質学的には完新世と呼ばれている過去1万2000年程前から現在に至るまで、地球の気候は例外的に温暖で安定しており、そのおかげで世界各地域での農耕の開始によりそれまでの狩猟社会から農耕社会、産業革命以降の工業社会、そして情報社会へと人類が発展してこられた。しかし、その発展の基盤である地球の安定自体を人類が脅かしていることを、それまでの科学的知見をまとめる形でわかりやすく表現したのである。

　詳細は図表1−7を参照していただきたいが、2015年の更新版では、既に4つの領域で限界値を超えたとされている。気候変動、土地利用変化、窒素とリンによる汚染、そして生物圏の一体性である。

8　J. ロックストローム M. グルム著、武内和彦・石井菜穂子 監修、谷淳也・森秀行 訳（2018）『小さな地球の大きな世界 プラネタリー・バウンダリーと持続可能な開発』

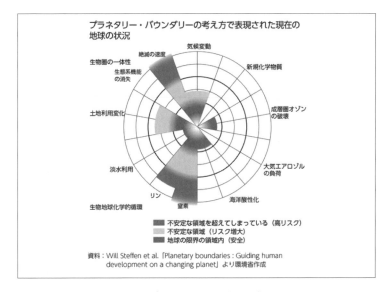

図表1-7　プラネタリー・バウンダリーの図
（出典＝環境省「環境白書（平成29年版）」）

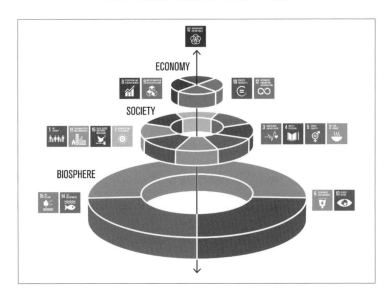

図表1-8　ロックストロームのウエディングケーキ
（出典＝Stockholm Resilience Centre ホームページ）

このほかにも2007年には、気候変動に関する政府間パネル（IPCC）がかつての米国副大統領アル・ゴア氏とともにノーベル平和賞を受賞する等、科学的知見の評価や、一般へのわかりやすい伝達が様々に行われたのが2000年代であった。その2000年代を経て、2012年に、「国連持続可能な開発会議（リオ＋20）」が開催され、SDGsについて政府間交渉を立ち上げること、MDGs後の国際開発目標とし統合されることが合意された。ここに至って、SDGsの策定プロセスが開始されることとなり、翌年からオープンな作業部会（OWG）での議論が始められた。

　本書での詳述は避けるが、この作業部会での議論は様々な幸運が重なった結果、2015年に全会一致で採択されたSDGsを含む2030アジェンダに結実し、国連史上初めて、経済、社会、環境が統合された目標設定が実現されたのである。アジェンダでは、その前文で、「これらの目標及びターゲットは、統合され不可分なものであり、持続可能な開発の三側面、すなわち経済、社会及び環境の三側面を調和させるものである」と記述された。

企業を取り巻く環境の変化

　これまでSDGsについて、その基本原理、シンプルな構造などについて述べてきた。では、企業にとってのSDGsの意義とはなんだろう。どうして、企業はSDGsに取り組まなくてはならないのか。

　2030アジェンダには、企業活動についての直接の記載があまりない。具体的な記載があるのは、以下の諸点である。

　「67.（民間企業活動）民間企業の活動・投資・イノベーションは、生産性及び包摂的な経済成長と雇用創出を生み出していく上で

の重要な鍵である。我々は、小企業から協同組合、多国籍企業まで
を包含する民間セクターの多様性を認める。我々は、こうした民間
セクターに対し、持続可能な開発における課題解決のための創造性
とイノベーションを発揮することを求める。（以下、略）

　28.（持続可能な消費・生産）我々は、社会における生産や消費、
サービスのあり方について根本的な変革をすることにコミットす
る。政府、国際機関、企業、その他の非政府主体や個人は、開発途
上国における持続可能な消費と生産を促進するための科学、技術、
革新能力を獲得するための財政的、技術的支援等を通じてより持続
可能な消費・生産パターンへの移行に貢献しなければならない。
（以下、略）

　ターゲット12.6　特に大企業や多国籍企業などの企業に対し、持
続可能な取り組みを導入し、持続可能性に関する情報を定期報告に
盛り込むよう奨励する。」

　国連がSDGs の取り組みに、民間企業を巻き込みたい意図は透
けて見えるものの、企業側が参加するメリットはよく分からないま
まである。そこで、まず、企業がSDGs に取り組む背景をいくつ
か挙げた上で、そのメリットを明らかにする。

1．国や地方自治体、経済界の動向

　日本政府は、2016年 5 月に、総理大臣を本部長とし、すべての国
務大臣をメンバーとするSDGs 推進本部を設立し、取り組みを始
めた。推進本部では、2016年12月に、SDGs 実施指針を策定した。
この実施指針は、日本が2030アジェンダの実施にかかる重要な挑戦
に取り組むための国家戦略であり、政府があらゆる分野のステーク

ホルダーと連携しつつ、広範な施策や資源を効果的かつ一貫した形で動員していくとした。そして、これを可能にするため、ビジョン、優先課題、実施原則、推進体制、フォローアップ及びレビューのあり方を定め、8つの優先課題の下での個別施策を明らかにした。

　その後、政府は2018年から毎年アクションプランを出している。「SDGsアクションプラン2018」で日本のSDGsモデルの中核とされた3本の柱の第一は、「SDGsと連動するSociety5.0の推進」である。「行動の10年」の始まりである2020年に実施する対策の具体

【SDGs実施指針改訂版で示された8つの優先課題】
優先課題はそれぞれ、2030アジェンダに掲げられている5つのP（People（人間）、Planet（地球）、Prosperity（繁栄）、Peace（平和）、Partnership（パートナーシップ））に対応しており、SDGsにおけるすべてのゴールとターゲットが不可分であり統合された形で取り組むことが求められているのと同様、これらの8つの優先課題も密接に関わる不可分の課題であり、どれ一つが欠けてもビジョンは達成されないという認識の下、その全てに統合的な形で取り組むとしている。

（People 人間）	1	あらゆる人々が活躍する社会・ジェンダー平等の実現
	2	健康・長寿の達成
（Prosperity 繁栄）	3	成長市場の創出、地域活性化、科学技術イノベーション
	4	持続可能で強靱な国土と質の高いインフラの整備
（Planet 地球）	5	省・再生可能エネルギー、防災・気候変動対策、循環型社会
	6	生物多様性、森林、海洋等の環境の保全
（Peace 平和）	7	平和と安全・安心社会の実現
（Partnership パートナーシップ）	8	SDGs実施推進の体制と手段

図表1-9　「SDGs実施指針改訂版」8つの優先課題
（出典＝SDGs推進本部「SDGs実施指針改訂版」）

的な取り組みを盛り込んだ「SDGSアクションプラン2020」においても、その構造は変わらず、「企業経営へSDGsの取り込み及びESG投資を後押し」と記載されている。

　なお、コロナ禍が深刻となった「SDGsアクションプラン2021」では、感染症対策に加えてよりよい復興が基本的な考え方に加えられ、引き続きSociety5.0の推進とともに「デジタルトランスフォーメーション（DX）」や「カーボンニュートラル」が新たに加わっている。

　2017年11月には、経団連が、会員企業の行動規範である憲章を改訂し、SDGsの理念を軸としたものとした。憲章は以下のように述べている。

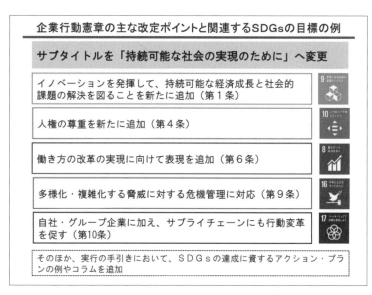

図表1-10　「企業行動憲章の主な改定のポイントと関連するSDGsの目標の例」
（出典＝経団連資料）

「今般、経団連では、Society 5.0の実現を通じたＳＤＧｓの達成を柱として企業行動憲章を改定する。会員企業は、持続可能な社会の実現が企業の発展の基盤であることを認識し、広く社会に有用で新たな付加価値および雇用の創造、ＥＳＧ（環境・社会・ガバナンス）に配慮した経営の推進により、社会的責任への取り組みを進める。また、自社のみならず、グループ企業、サプライチェーンに対しても行動変革を促すとともに、多様な組織との協働を通じて、Society 5.0の実現、SDGs の達成に向けて行動する。」

　経団連は、Society 5.0を「課題解決」と「未来創造」の視点を兼ね備えた新たな成長モデルと捉え、その実現への取り組みはSDGsの達成にも大きく貢献するとしたのである。

　中央政府以上に盛んなのが、地方自治体によるSDGsへの取り組みである。地方自治体の役割については、2030アジェンダの中で、「45.（国会議員、政府、公的機関の役割）（前略）また、政府と公共団体は、地方政府、地域組織、国際機関、学究組織、慈善団体、ボランティア団体、その他の団体と密接に実施に取り組む。」と記載されている。政府は、これを日本の人口減少を克服し、地方の創生、日本の創生を目指す「地方創生」の推進の原動力とすべく、2016年12月の第２回SDGs推進本部会合で決定したSDGs実施指針の実施体制の中で、全国の地方自治体による積極的な取り組みの推進が不可欠とした上で、各種計画や戦略などの策定・改訂に当たり「SDGsの要素を最大限反映することを奨励」した。実際に、内閣府が設立した「地方創生SDGs官民連携プラットフォーム」には、１号会員と呼ばれる都道府県、市区町村が949団体（2021年７月25日現在）も参加し、地方創生の戦略の一環として2018年か

ら選定が始まった「SDGs未来都市」には2021年度までに、124都市（大阪府と大阪市の共同提案があるため125自治体）が選ばれている。こうした動きは、官民連携という新たなビジネスチャンスの可能性を示唆している。

2．不確実性が増大する社会

　企業がSDGsに取り組む背景として、第2には、不確実性が増大する社会が挙げられるだろう。新型コロナウイルスによるパンデミックに限らず、異常気象やそれに伴う火災、地震や、戦争、内乱、テロなど、想定し難いリスクは、現代社会では増大する一方である。企業にとってみれば、これらに加えて、サイバー攻撃、社内や原料調達先等での人権問題の発生や企業活動に対するNGO等による突然の指摘など、非常に多いリスクに囲まれていることになる。加えて、リスクの種類にもよるが、リスクに対応したイノベーションの創出が起こるか否かによって、その影響度が大きく異なってくる。例えば、石炭・石油などの化石燃料を燃やした際にCO_2が出ないような革新的な技術開発が、必要とされる時期までに可能となるかなどである。これらが相まって、それらを正確に予測することは不可能と言って良い。特に最近では、環境関連のリスクの発生可能性が高まっているとされる。「世界経済フォーラム（通称：ダボス会議）」が毎年「グローバルリスクレポート」を発表している。これは、世界の各界のリーダーへのアンケート調査に基づくもので、今後10年間で発生が予測されるリスクの可能性と影響をまとめているが、2020年版のレポートでは、発生可能性が高いリスクは、洪水や暴風などの異常気象、気候変動の緩和や適応の失敗のような環境関連のリスクがトップ5のすべてを占めることとなった。

なお、2021年のレポートでは、コロナ禍の影響で、4位に感染症が入ったが、それ以外は前年同様環境関連のリスクが占めている。これらの気候変動リスクの財務的な影響は、イギリスのNGOであるCDPの調査報告（"Major Risk or Rosy Opportunity 2019"）によれば、世界の時価総額上位500社のうち回答した215社の合計だけでも9,700億ドルに及ぶ。

さらに、新型コロナウイルスによるパンデミックで、新たなリスクも顕在化している。世界経済フォーラムが、2019年5月に発表した"COVID-19 Risks Outlook"（新型コロナウイルスによるリスクの展望）によれば、新たなリスクで最も可能性が高く影響も大きいのは、世界的な景気後退の長期化や世界経済の不況が長引くこと、構造的失業であるが、働き方の変化によるサイバー攻撃やデータの不正利用なども挙げられている。なかでも特に働き方の変化に伴うリスクについては、テレワークを導入しているすべての企業に関係するものであり、上述したリスク以外にもどのようなリスクが潜在的に存在するのか各社で検討する必要がある。

また、2019年に実施された日本の国内企業に対する民間の調査[9]によれば、気候変動リスクへの対応状況の質問に対して回答した7割以上の企業が、気候関連リスクの自社への影響把握といった対策や対応でさえ実施していなかった。その一方で、金融安定理事会（FSB）の下に設置された気候関連財務情報開示タスクフォース（TCFD）が、2017年6月に財務に影響のある気候関連情報の開示を推奨する報告書を公表したことを受けて、日本では、経済産業

9　東京海上日動リスクコンサルティング（2020）「リスクマネジメント動向調査2019」

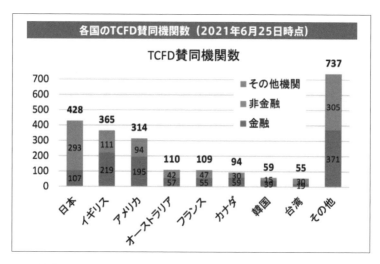

図表1-11　TCFDコンソーシアム資料「各国のTCFD賛同機関数」
（出典＝TCFD公式ホームページの情報をもとにTCFDコンソーシアム作成）

省、環境省及び金融庁が協力してこの活動を推進し始めた。2019年
5月には経団連等の呼びかけにより「TCFDコンソーシアム」が設
置され、現在までに428の金融機関をはじめとする企業・機関が活
動に賛同を示している（2021年6月25日時点）。賛同した企業・機
関の数は、米国やイギリスを押さえて世界で一番多いのである。こ
のような状況は、地球システムの限界の範囲内での経済発展を志向
するSDGsの取り組みへの優先度を必然的に高めることになる。

3．広がるサーキュラーエコノミーへの取り組み

　企業がSDGsに取り組む背景として、第3には、世界中で広が
るサーキュラーエコノミーへの取り組みが挙げられる。17世紀末に
蒸気機関が発明されたことにより起こった18世紀の産業革命以降、
人類はそれまでとは比較にならない生産能力を獲得し、大量生産、

大量消費を繰り返してきた。地球の資源は無限であり、経済は永遠に成長し、そのことによって人類は豊かになり幸せになれると信じてきた。確かに、ワクチン開発や抗生物質の発明により感染症は激減し、医療や福祉の充実や栄養状態の改善などの結果、世界の平均寿命は73歳[10]になり、人口も1950年に較べて3倍の77億人[11]に届いている。GDPは増え続け2017年には世界全体で80兆ドルを超え、AIやバイオテクノロジーなど新たな技術も開発され続けている。しかし、大量生産大量消費を前提とするこれまでの資本主義システムは、地球の限界を超えた発展をもたらし、これにより地球は危険な状態に近づきつつある。しかも、世界の人口は2050年には97億人を超えると予測されており、今後さらに増え続ける。それに伴い、2050年には、世界の経済活動の規模は現在の2倍以上となるのである[12]。

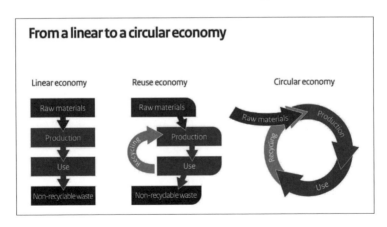

図表1-12　オランダ政府ホームページのCEの図
（出典＝オランダ政府ホームページ）

10　WHO : Life expectancy at birth
11　UN : World Population Prospects 2019

第
1
章

第
2
章

第
3
章

　経済発展が地球の回復力を壊滅的に毀損しかねない事態を前にして、最近、サーキュラーエコノミー（以下、CE）という概念が広まりつつある。これは、これまでの経済のサイクル（原材料を採取し、製品を生産し、使用し、要らなくなれば捨てる）が直線的であることからリニアエコノミーと呼ぶのに対して、新たな経済のサイクル（原材料はリサイクルし、製品を生産し、またリサイクルする）は地球への負荷を最小限にすることを意図した循環型であり、また、そうすべきことからそう呼ばれている。CEの基本となる原則は、廃棄物や汚染を出さない設計をする、製品と原材料を使い続ける、自然のシステムを再生する、の3つである。

　なお、英国のエレンマッカーサー財団では、企業のCircularity（循環性）の評価を行うための枠組みについても既に発表している[13]し、積極的に取り組む企業に投資していく方針を示している投資運用会社も出現している[14]。

　このCEに最も積極的に取り組んでいる地域は、ヨーロッパである。2015年12月に欧州委員会が発表した "Closing the loop – An EU action plan for the Circular Economy" は、「CEパッケージ」と呼ばれるCEに向けたEUの行動計画であり、ヨーロッパの環境政策をCE中心で進めることを明示したものである[15]。このCEパッケージには、拡大生産者責任の範囲の拡大、エコデザインの普及、食品廃棄物の削減、プラスチックリサイクルの促進、二次原料の利用促進やグリーン公共調達などが盛り込まれている。例えば、プラ

12　PwC : The World in 2050

13　ELLEN MACARTHUR FOUNDATION HP

14　RobecoSAM PR（2020.1.30）

15　21世紀政策研究所　研究プロジェクト（2019）「欧州CE政策が目指すもの」

スチックについては、2018年1月に、プラスチックリサイクルの経済性と品質の向上、プラスチック廃棄物と海洋ごみ量の削減、CEに向けた投資とイノベーションの拡大や国際的な取り組みの誘導を具体的な内容とする「プラスチック戦略」が策定された。同戦略に基づき、2019年6月に発効した「特定プラスチック製品の環境影響減少に関わる指令」で、2021年までに皿やストロー、スプーンやフォークなど特定の使い捨てプラスチック製品の使用禁止やリサイクルプラスチックのペットボトルへの使用目標などを各加盟国が国内法として整備するとしている。2020年3月には、新たな行動計画として「サーキュラーエコノミー・アクションプラン」を発表し、すべての製品について共通の方法論と原則に基づいた循環性デザインを担保するため、持続可能な製品に関する政策を導入するとされており、今後、エコデザイン指令の対象を非エネルギー関連製品に拡大することが盛り込まれる見込みである[16]。

　これらヨーロッパのCEに関する戦略的な一連の動きは、CEを国際的な競争力の向上、持続可能な成長や新規雇用の創出を実現する産業政策として位置付けているからである。CEへの対応が遅れれば、競争力の喪失はもちろんのこと、最悪の場合は市場からの退場を余儀なくされることになる。

　このような中、2021年1月に、環境省と経団連が、CEの一層の取り組み加速化に向けて官民連携による「循環経済パートナーシップ」の立ち上げについて合意した[17]。その狙いは、関係者のCEへの理解醸成、取組促進及び国際社会でのプレゼンス向上であり、具

16　経済産業省（2020）「循環経済ビジョン2020」
17　環境省記者発表（2021.1.20）「『循環経済パートナーシップ』の立ち上げに関する合意について」

体的には、先進的取組事例の発信・共有、CE の促進に向けた解決策の議論等に取り組むことを考えている。

4．拡大する SDGs 投資

　企業が SDGs に取り組む背景として、第 4 には、世界全体で拡大が止まらないサステナブル投資が挙げられる。GSIA（Global Sustainable Investment Alliance）は、2021年の 3 月に「世界のサステナブル投資に関する報告書（GSIR 2020）」を発表した。 2 年に一度発表される同調査によれば、米国は42%、カナダは48%、日本34% などサステナブル投資の定義の変更により減少したヨーロッパを除き調査した 4 つの地域で、前回（2018年 -2020年）対比で 2 桁以上の伸びを示しており、顕著な拡大傾向が見て取れる。日本でも、JSIF（日本サステナブル投資フォーラム）が毎年公表している「サステナブル投資残高アンケート調査結果」によれば、2020年こそ調査時点の 3 月末の株価下落の影響で対前年比マイナス6.6% の310兆392億円に止まったものの、2019年までは毎年 2 桁の伸びを記録しており、新型コロナウイルスのパンデミックによる影響もあるとしても、今後も拡大基調であることは疑いない。

　また、PRI（責任投資原則）署名機関も拡大している。PRI は、

FIGURE 3 **Growth of sustainable investing assets by region in local currency 2014-2020**

	2014	2016	2018	2020	GROWTH 2014-2016	GROWTH 2016-2018	GROWTH 2018-2020	COMPOUND ANNUAL GROWTH RATE (CARG) 2014-2020
Europe* (EUR)	€9,885	€11,045	€12,306	€10,730	12%	11%	-13%	1%
United States (USD)	$6,572	$8,723	$11,995	$17,081	33%	38%	42%	17%
Canada (CAD)	$1,011	$1,505	$2,132	$3,166	49%	42%	48%	21%
Australasia* (AUD)	$203	$707	$1,033	$1,295	248%	46%	25%	36%
Japan (JPY)	¥840	¥57,056	¥231,952	¥310,039	6,692%	307%	34%	168%

図表 1 -13 　「GSIR2020」（出典＝ GSIA ホームページ）

2006年に国連の当時の事務総長であったコフィー・アナンによって提唱された。ESG 投資は、従来の財務情報に加えて、環境（Environment）、社会（Social）、ガバナンス（Governance）などの非財務情報も考慮して収益を求める投資手法であるが、PRI は、機関投資家に対して、投資分析と意思決定プロセスに ESG 課題を組み込むことや、投資対象の企業に ESG 課題についての適切な開示を求めることなど 6 つの原則を定めるものである。署名機関に対して、PRI は運用資産の50% 以上を ESG 投資とすること等を内容とする投資原則の策定など 3 つの最低履行要件を定めており、違反を続けると除名される。

　実際、2020年 9 月には、運用資産規模が50億ドルを超えるフランスのプライベートバンクである BPE を含めた 5 つの機関が除名された。この PRI への署名機関の数は、発足当初の63から2021年現在、全世界で4,207（2021年 7 月25日現在）となり、日本では95となっている。特に、177兆円（2020年12月末現在）という世界一の運用資産規模を誇る日本の政府年金基金である「年金積立金管理運用独立行政法人（GPIF）」が2015年に加盟したことは、極めて強い影響を国内に与えている。GPIF はホームページで、企業が自社にふさわしい SDGs の目標を事業活動として取り込むことで、「企業と社会の『共通価値の創造』（CSV＝Creating Shared Value）が生まれ」、「その取り組みによって企業価値が持続的に向上すれば、GPIF にとっては長期的な投資リターンの拡大につなが」る。つまり、「GPIF による ESG 投資と、投資先企業の SDGs への取り組みは、表裏の関係にあるといえる」と記している。

　これら一連の流れには、金融庁の取り組みも大きな影響を及ぼしていると言って良い。金融庁は、SDGs は、「企業・経済の持続的

成長と安定的な資産形成等による国民の厚生の増大を目指すという
金融行政の目標にも合致する」との認識から、その推進に積極的に
取り組んでいる。SDGs は本来的には、企業・投資家・金融機関な
どが自主的に取り組むべきものとしながらも、「何らかの要因でそ
うした動きが妨げられて外部不経済が発生している場合には、経済
全体としての最適な均衡の実現に向け」、金融庁としてその取り組
みを促進することを基本的な方向性としている[18]。なかでも、企業
と機関投資家の建設的な対話を通して、持続的な成長と中長期的な
企業価値の向上の実現を目指す「コーポレートガバナンス・コー
ド」と「スチュワードシップ・コード」の整備は重要である。

　コーポレートガバナンス・コードは、コーポレートガバナンス、
「会社が、株主をはじめ顧客・従業員・地域社会等の立場を踏まえ
た上で、透明・公正かつ迅速・果断な意思決定を行うための仕組
み」の「実現に資する主要な原則」を取りまとめたもので、2015年
6 月から適用が開始された。コードの基本原則 2 で、株主以外のス
テークホルダーとの適切な協働を挙げ、これに ESG 問題への積極
的・能動的な対応も含まれることを示唆していた。さらに2018年 6
月の改訂では、基本原則 3 の適切な情報開示と透明性の確保で、非
財務情報に、ESG 要素に関する情報が含まれることや、原則 4 の
取締役会等の責務で、取締役会はジェンダーや国際性などの多様性
が確保されるべきであることを明確化している。そのような中、
「改訂コーポレートガバナンス・コード」と「コーポレートガバナ
ンス・コードと投資家と企業の対話ガイドラインの改訂について」
が2021年 6 月に発表された。サステナビリティの基本的方針の策定

18　金融庁（2020）「金融行政と SDGs」

第1章　第2章　第3章

や情報の適切な開示、さらには ESG や SDGs などが経営戦略・経営計画等に適切に反映されているかについての投資家との対話などが明記された。

　また、スチュワードシップ・コードは、スチュワードシップ責任、「機関投資家が、投資先企業やその事業環境等に関する深い理解に基づく建設的な『目的を持った対話』（エンゲージメント）などを通じて、当該企業の企業価値の向上や持続的成長を促すことにより、顧客・受益者の中長期的な投資リターンの拡大を図る責任」を果たすための原則であり、2014年2月に策定された。2020年3月の改訂では、上述のスチュワードシップ責任の定義に、「運用戦略に応じたサステナビリティの考慮」が加えられたのである。

　この2つのコードは、相互に作用しあって機関投資家と投資先企業のエンゲージメントが行われ、質の高いコーポレートガバナンスが実現することにより、結果として企業の持続的な成長と中長期的な投資リターンの確保が図られることが期待されるが、そのそれぞれにサステナビリティの視点が付加・強化されている。

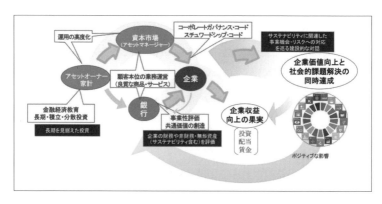

図表 1-14　「金融行政と SDGs」
（出典＝金融庁「金融行政と SDGs」）

　もちろん、両者ともいわゆるソフトローであり、強制力は欠くものの、対応しない上場企業には合理的な理由が求められることとなり（Comply or Explain）、多くの日本企業にとってもサステナビリティは避けて通れない課題となりつつある。

　2021年 1 月20日、米国のバイデン大統領は、就任後直ちにトランプ前大統領が脱退を決定した「パリ協定」への復帰を命じる大統領令にサインした。GHG（温室効果化ガス）の排出量が世界第 2 位の米国のパリ協定復帰は、同協定の実効性や加盟国の公平性の担保という観点から素晴らしいことであると同時に、これにより、停滞気味であった米国のグリーン政策の推進が強化されると考えられ、サステナブルな投資の流れが拡大する可能性が一層大きくなった。

5．変化する消費者意識

　企業が SDGs に取り組む背景として、第 5 には、サステナブルな方向に変化し続ける消費者意識が挙げられる。そのような意識に基づく消費者行動を「エシカル消費」と呼ぶ[19]。エシカル消費とは、「地域の活性化や雇用などを含む、人・社会・地域・環境に配慮した消費行動」と定義され[20]、このエシカル消費が全世界で広がっているのである。エシカル消費の市場規模を測るのは、そのような分類を持たない既存の統計の性格上困難ではあるが、例えば、そのような消費の受け皿の一つと考えられるフェアトレード[21]の世

19　サステナブルな消費行動として、「エシカル消費」や「エコ消費」などの言葉が使われるが、厳密にはその意味するところは異なるものの、本書では「エシカル消費」に統一する
20　消費者庁の定義による
21　発展途上国の原料・製品を適正価格で継続的に購入し、発展途上国の生産者や労働者の生活改善や自立を目指す「貿易の仕組み」

界の市場規模は、2018年に98億ユーロ（約１兆2,300億円）となり、前年の85億ユーロ（約１兆700億円）から大きく伸びている[22]。逆に、エシカル消費の影響で、日本も含めて多くの国で規模が縮小することが予想される市場もある。それは、毛皮市場である。動物愛護・動物福祉の観点から、毛皮はエシカル消費に馴染まないものとされた。財務省の貿易統計によれば、日本への毛皮付き衣料品の輸入量は過去と比較して大幅に減少し、世界的に有名なファッション・ブランドが相次いで毛皮の使用を止めたり制限したりしている。

　そのような変化は、消費者意識に関して実施されている国内外の様々な調査からも見てとれる。世界最大の広告会社であるエデルマンが2018年に日本を含む世界8ヵ国で実施した調査[23]によれば、企業が変化をリードすることを期待する人の割合は増加しており、世の中で物議を醸している話題に対する姿勢を理由にブランドを選ぶ人の割合は全体で64%に達し、日本を含めすべての調査地域でその割合が前年より増加している。

　国内についても、2019年に博報堂が行った調査[24]から同様の傾向にあることが分かる。調査結果によれば、消費者の今後の購買意向について、「環境・社会に悪影響を与える商品・企業」に対する不買や「環境・社会に配慮した商品」に対する購入意向が約7〜8割にのぼるとされた。その上で、現実の購買実態との大きな乖離について、「これからの生活者の購買行動における判断基準となる」と

22　「国際フェアトレードラベル機構（Fairtrade Internationa）年次報告書」（2018-2019年）
23　「2018 Edelman Earned Brand」
24　博報堂（2019）「生活者のサステナブル購買行動調査」

予想している。

　このような流れは、国が行った調査結果からも裏付けられる。2020年に消費者庁が公表した「倫理的消費（エシカル消費）に関する消費者意識調査報告書」によれば、SDGsの認知度は3年前（前回調査時点）より増えてはいるものの31.8%であり、エシカル消費にいたっては12.2%に止まっている。その一方で、エシカル消費への興味度は59.1%と大きく上昇し、エシカル商品やサービスの購入意向も81.2%と前回から大幅に伸びているのである。つまり、エシカル消費という言葉やその内容は多くの人が知らないものの、エシカル消費的な志向は既に浸透してきているのである。このような状況に鑑みて、2020年10月、消費者庁は、ホームページ内に「エシカル消費特設サイト」を開設した。トップページには、エシカル消費とはと題したテーマの下にSDGsの17の目標のロゴとともに、12番目の目標である「つくる責任 つかう責任」をハイライトしたデザインが描かれ、SDGsとエシカル消費の関係を視覚的に表現しており、エシカル消費がサステナブルな消費行動であることがよく分かる。

　また、内閣府が2021年1月に公表した「食生活に関する世論調査」[25]では、「食品ロス」という具体的な社会課題への企業の取り組みが消費者の購買意識にどの程度影響するのか明らかにしている。食品ロス削減に取り組む小売店が扱う食品を購入しようと思うかとの設問に対して、86.4%もの人が購入しようと思うと回答しており、その割合は20歳代から50歳代までで高かったのである。サステナブルな消費行動であるエシカル消費は、コロナ禍にあっても変わ

25　内閣府（2021）「食生活に関する世論調査」

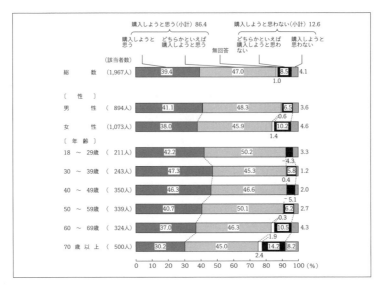

図表 1 -15 「食品ロスに取り組む小売店における購入に対する意識」
（出典＝内閣府「食生活に関する世論調査」）

ることなく拡大傾向にあると言える。

6．持続可能な開発のための教育

　企業がSDGsに取り組む背景として、第6には、教育の変化が
挙げられる。2019年12月の第74回国連総会において、「ESD for
2030」（持続可能な開発のための教育：SDGs達成に向けて）が採
択された。目標4「質の高い教育をみんなに」のターゲット4.7で
は、「2030 年までに、すべての学習者が、とりわけ持続可能な開発
のための教育と、持続可能なライフスタイル、人権、ジェンダー平
等、平和と非暴力文化の推進、グローバル・シチズンシップ（＝地
球市民の精神）、文化多様性の尊重、持続可能な開発に文化が貢献
することの価値認識、などの教育を通して、持続可能な開発を促進

するために必要な知識とスキルを確実に習得できるようにする。」と規定されている。「ESD for 2030」は、SDGsのすべての目標達成に貢献するのがESDであるとの認識から、そのロードマップと重点施策を定めたものである。

　これによって、各国は「ESD for 2030」の実施を通じて、ESDの行動を拡大することを奨励されることとなった。そして、日本では、「実施のためのメカニズム」の第一に掲げられたのが、「国レベルでのESD for 2030の実施（国内イニシアチブの設定）」である。もともと、ESDは、2002年の「持続可能な開発に関する世界首脳会議（ヨハネスブルグサミット）」で日本から提案したものあり、これを受けて国連第57回総会決議で、「国連接続可能な開発のため

第74回国連総会で採択された「ESD for 2030」決議の概要は、以下のとおり。
・2015年以降のESD実施枠組みで、世界で2,600万人がESDカリキュラムを学び、200万人の教育者がESD研修を受け、ESDの推進が大きく前進した。
・「あいち・なごや宣言」で言われたように、また、ESDが質の高い教育に関するSDGに必要不可欠で要素であり、その他の全てのSDGsの成功への鍵として、ESDはSDGsの達成の不可欠な実施手段である。
・国際社会に対し、幼児教育から高等教育、遠隔教育、職業技術教育まで、すべての教育段階において包摂的かつ公正な質の高い教育を提供するよう求める。
・加盟国政府及び他のステークホルダーが、「ESD for 2030」の実施を通じて、ESDの行動を拡大することを奨励する。
・「ESD for 2030」の立ち上げの国際会議が、2020年6月にドイツ・ベルリンで開催されることに注目する。
・2030年に向けた教育課題のフォローアップ及びレビューの場として、ユネスコが、「SDG－教育2030ステアリング・コミッティ」（日本人が共同議長を務める）の主導・調整機関の役割を引き続き務めるよう求める。
・ユネスコが、ESDの主導機関として「ESD for 2030」の実施調整を担うよう求める。
・国連事務総長に対し、第76回国連総会（2021年）にて、本決議に基づく実施状況レポートを提出するよう求める。

図表1-16　第74回国連総会で採択された「ESD for 2030」決議の概要
（出典＝文部科学省ホームページ）

の教育の10年（DESD）」（2005-2014）がユネスコ主導で始まることとなった経緯があり、政府は早速2016年に策定した国内実施計画[26]の改訂作業に入り、2021年5月に、ESD が SDGs 達成への貢献に資するという考え方を明確化した「第2期 ESD 国内実施計画」が策定された。

　また、これに先立って行われた幼稚園、小学校、中学校及び高等学校の「学習指導要領」の改訂も大きな意味を持つ。学習指導要領とは、「全国どこの学校でも一定の水準が保てるよう、文部科学省が定めている教育課程（カリキュラム）の基準」[27]であり、およそ10年に1度改訂される。

　平成29年、30年の改訂では、その前文に、「これからの学校には，こうした教育の目的及び目標の達成を目指しつつ，一人一人の児童（生徒）が，自分のよさや可能性を認識するとともに，あらゆる他者を価値のある存在として尊重し，多様な人々と協働しながら様々な社会的変化を乗り越え，豊かな人生を切り拓き，持続可能な社会の創り手となることができるようにすることが求められる。」と学校の役割が明記された。これまでの教育に加えて、「持続可能な社会の創り手」となるような教育を行うことが、すべての学校に課せられたのである。これは、サステナブルな社会の創出にとり、とても重要な変化のスタートとなる。

　戦後、日本を含めた多くの国にとり国家建設と経済成長が緊急課題とされ、進化論的な一元的発展段階を想定する近代化論を支柱と

26　2016年3月10日決定持続可能な開発のための教育に関する関係省庁連絡会議（2016）「我が国における「持続可能な開発のための教育（ESD）に関するグローバル・アクション・プログラム実施計画（ESD 国内実施計画）」
27　文部科学省ホームページ学習指導要領から引用

して、産業化を通じた経済成長が目指された[28]。1960年代からは、人的資本論の台頭により、経済成長のための有効な投資先として教育が位置づけられ、技術教育・職業教育及び高等教育への投資に焦点が当てられた。その後、1990年以降は、飢餓や貧困、経済格差、環境問題などの諸問題が顕在化するにつれて、人間開発論[29]が登場し、「万人のための教育（EFA）」世界宣言や MDGs の「初等教育の完全普及」につながる。そして、2000年代に入ってサステナブルな未来の社会を創るための ESD に到ったのである。

　こういった流れを見れば、おそらく現在社会人となっている大多数の方は、高校あるいは大学までに持続可能な社会について考える機会を、教育の場で与えられたことはほとんどないのではないだろうか。また、大学等の入学試験に向けて、中学、高校とひたすら認知能力に磨きをかけることに終始していたのではないだろうか。しかし、これからの世代は、もちろん認知能力を鍛えることは行われるものの、持続可能な社会の創出という新しい時代に必要となる非認知能力を磨くことを経験して世に出てくることになる。そのような新しい世代の集積が増せば増すほど、「サステナブル」という価値基準の社会でのプライオリティが揺るぎないものになると考える。別の言い方をするならば、SDGs ネイティブとも呼べる新たな世代が社会のマジョリティとなる、そんな時代が近い将来確実に到来するのである。

28　西川 潤『人間のための経済学—開発と貧困を考える』（2000）岩波書店
29　「人間にとっての豊かさの享受とは、財や収入だけから得られるものではなく、実現可能な選択肢を増大し、それにより人々の自由と潜在能力（capability）の拡大を生み出すことで実現される。」（Amartya Sen "Development as freedom"（1999）、アマルティア・セン著、石塚雅彦訳『自由と経済開発』（2000）日本経済新聞社）

企業にとっての SDGs の意義

　前項で企業が SDGs に取り組む背景として考えられるものを 6 つ挙げたが、それらを前提として企業が SDGs に取り組む意義について改めて整理してみる。企業が SDGs に取り組むためのガイダンスとして、2016年3月に GRI（グローバル・レポーティング・イニシアチブ）[30]、国連グローバル・コンパクト[31]及び WBCSD[32]（持続可能な開発のための世界経済人会議）が共同で作成した「SDG Compass」がある。その冒頭には、「企業は、SDGs を達成する上で、重要なパートナーである。企業は、それぞれの中核的な事業を通じて、これに貢献することができる」との国連事務総長のコメントを掲載し、「SDGs は、なぜ企業にとって重要か」を 5 つに整理している。

　それによれば、①将来のビジネスチャンスの見極め、②企業の持続可能性に関わる価値の向上、③ステークホルダーとの関係強化、新たな政策展開との同調、④社会と市場の安定化、⑤共通言語の使用と目的の共有、とされている。

　1 つ目の「将来のビジネスチャンスの見極め」について、SDGs

30　1997年以降、企業の持続可能性に報告を提唱してきた独立の国際組織。独自の持続可能性報告基準とマルチステークホルダーのネットワークを通じて、世界各地の意思決定者に対し、経済と世界をより持続可能なものにするために働きかけることを使命とする

31　企業に対しその戦略と事業を人権、労働、環境、腐敗防止等に関する普遍的な原則に連動させ、国連の目的を推進する行動を取ることを要請するもの。160カ国の 8,000社を超える企業が参加しており、世界最大の企業による持続可能性イニシアチブ

32　世界の財界に対し、企業、社会および環境にとって持続可能な未来の創造を働きかけることを使命とする。現状を変革するビジネス・ソリューションを拡充するため、200社の会員企業からなるフォーラムを主催

は世界の公的及び民間投資の流れをSDGsの各目標が掲げる課題
解決の方向に変えるよう意図されており、それによって今後成長す
る市場が明確化されることから、革新的なソリューションの提供や
抜本的な変革を進めていくことができる先進的な企業にとり、将来
のビジネスチャンスがどこに存在するのかの判断が容易となるので
ある。事実、世界経済フォーラム（WEF）の諮問機関である「ビ
ジネス＆持続可能開発委員会（BSDC）」が2017年1月に公表した
報告書「Better Business, Better World」では、SDGsの達成によ
り2030年までに世界全体で年間12兆ドルの市場機会創出が得られる
とされ、「食料と農業」、「都市」、「エネルギーと材料」、「健康と福
祉」の4つの領域において、大きな市場機会が見込まれる60のホッ
トスポットを具体的に提示している。やや卑近な言い方をするな
ら、先進的な企業にとってSDGsは、それぞれの宝がどこに埋まっ
ているのかが分かっている「宝の山」の案内人になるだろう。

　2つ目の、「企業の持続可能性に関わる価値の向上」は、SDGs
に取り組むこと、つまりバリューチェーンに持続可能性への配慮を
組み込むこと自体が、売上の向上、新規市場の開拓、ブランド力の
強化、人材の獲得や労働生産性の向上をはじめ様々な面から企業価
値の保護や創造につながるとともに、SDGsを積極的に活用して、
資源の効率利用やより持続可能な代替策に切り換えることにより、
例えば、政府による優遇税制などの施策と相まって、外部不経済を
内部化するコストを最小化できるということである。なお、企業が
サステナブルな社会課題に取り組むことが企業価値の増加に直接つ
ながるかどうかについては学術的には議論があるようだが、少なく
とも長期的リスクの低減により資本コストは下がると考えられ、長
い目で見る限り企業価値の増加につながることは間違いないと思わ

れる。なお、そのためには、企業がサステナブルな社会課題に取り組んでいることが、投資家や消費者にしっかりと伝わることが重要となる。

3つ目の「ステークホルダーとの関係強化、新たな政策展開との同調」は、SDGs は市民、企業・団体、地方政府、各国政府及び国際機関などの期待や取り組みの方向性を反映していることから、それを経営に組み込んでいる企業はステークホルダーとの協働が強化される反面、取り組まない企業は、政府や団体の規制や様々な信用喪失に伴うリスクにこれまで以上に強く晒されることになる。つまり、今後は、SDGs に照らしていかがかと思われるような製品の製造・販売やサービスの提供はできなくなる可能性が大きいということである。

4つ目の「社会と市場の安定化」は、SDGs への投資は、社会や市場の安定化につながり、それは同時に企業自体の成功の必要条件であるということである。具体的には、世界で何十億もの貧困層の経済状態が改善されることにより市場が拡大されたり、教育の強化により優れた従業員の確保が容易となったり、ジェンダー格差の解消により、大幅な購買力の上昇が期待され巨大な成長市場が創造される、とされている。

5つ目の「共通言語の使用と目的の共有」は、SDGs を活用することにより、目標あるいはターゲットごとに企業活動を表すことができるため、様々なステークホルダーとの対話が容易になり、協働に結びつくということである。特に、ESG 投資を志向する機関投資家との効果的なエンゲージメント（建設的な対話）や、同様の目標やターゲットに取り組む他の企業との協働を実現するのに有用と考えられる。

　これら 5 つの SDGs が有する重要さは、巨大なグローバル企業や先進的な大企業には、極めてよく当てはまるだろう。

　国内では、2019 年 5 月に経済産業省がまとめた「SDGs 経営ガイド」がある。これは、経済産業省が設置した、日本を代表する大企業・ベンチャー企業の CEO、投資家、大学の長などにより構成された「SDGs 経営／ ESG 投資研究会」での議論をベースにまとめたものである。国内外の SDGs 経営の成功事例に焦点を当てながら、どうやって企業が SDGs を経営に取り込んでいくか、また、投資家はどのような視座でそのような取り組みを評価するのかなどについて、研究会での議論を基に、SDGs に関する現状認識を多様な観点から示した「Part1.SDGs- 価値の源泉」と、企業が SDGs 経営を実践する際に有用な視点をまとめた「Part2.SDGs 経営の実践」の構成である。このガイドでは、SDGs の価値を「企業にとっての SDGs」、「投資家にとっての SDGs（SDGs 経営と ESG 投資）」及び「マルチステークホルダーとの『懸け橋』」の 3 つの側面から整理している。「企業にとっての SDGs」では、 5 つの視点から記載されている。そのうち「SDGs は企業と世界をつなぐ『共通言語』」、「SDGs は『未来志向』のツール」、「SDGs は企業経営における『リスク』と『機会』」などの内容は、SDG Compass の記述とほぼ同じであるが、特にユニークなのは、「日本企業の理念と SDGs」であろう。近江商人の「売り手よし」「買い手よし」「世間よし」の「三方よし」の精神を引き合いに出して、「会社は社会のためにある」と考える日本企業は多く、SDGs は日本企業にとって、「企業理念や社訓を礎に長らく自ずと意識し実践してきた取組が別の形で具体化されたもの」と言えるとしている。確かに日本企業の企業理念や社訓は、SDGs との親和性が高いものが多い。その

実践が、SDGs の様々な目標の達成に貢献することも想像に難くない。後述するように、その親和性を利用して取り組みを進めることもできるのである。なお、だからといって、SDGs に無理をして取り組む必要はない、という結論に至るのは早計である。江戸時代や明治時代には商売の世界になかった概念である「人権」という考えが、SDGs の極めて重要な部分を構成しているからである。そして、「投資家にとっての SDGs（SDGs 経営と ESG 投資）」と「マルチステークホルダーとの『懸け橋』」についても、SDG Compass の記述内容と重なる点が多い。さらに、「三方よし」に「未来よし」を加えて「四方よし」とし、そこを補完するのが SDGs だとする考え方もある[33]。

　しかし、今まで述べてきた SDGs の企業にとっての意義は、例えば、中小企業や非上場の企業については、どうであろうか。それらの企業にとっては、必ずしも、上述の重要性がしっくりとは来ないのではないだろうか。そのような企業を意識してか、環境省が2020年の 3 月に「すべての企業が持続的に発展するために」と題した「接続可能な開発目標（SDGs）活用ガイド」の第 2 版（以下「SDGs 活用ガイド」）を発行している。このガイドは、「SDGs に関心を持ち、何か取組みを始めてみようと考えている、職員数や活動の範囲が中小規模の企業・事業者を主な対象」としていると明記されている。このガイドの中では、企業にとっての SDGs の活用によって期待できるメリットを 4 つのポイントにまとめている。

　その 1 つ目は、「企業イメージの向上」だとしている。SDGs への取組をアピールすることで、会社の信用度が上がることや、多様

33　蟹江憲史『SDGs（持続可能な開発目標）』（2020）中央公論新社

性に富んだ人材確保につながるとしている。中小企業にとって、知名度や信用度が上がることは、直接ビジネスへの好影響を及ぼすだけではなく、大企業に比べて規模や知名度等において総じて不利な状況にある中で経営の存続と合わせて最大の経営課題である人材確保にプラスの効果が見込めるというのである。この傾向は、民間企業が2020年 8 月に行った調査[34]（来春卒業予定で就職先が内定した大学生・大学院生が対象）からも伺える。それによれば、SDGs 認知度は76.4% であり、昨年調査時より20% 以上増加しているとともに、65.2% の学生が企業の社会貢献度の高さが志望に影響したと回答している。このことは、NHK がホームページに設けている「大学生とつくる就活応援ニュース」でも取り上げられている。

　2 つ目は、「社会の課題への対応」である。SDGs に網羅されている幅広い社会課題への対応は、企業の経営リスクの回避とともに、社会への貢献や地域での信頼獲得にもつながるとしている。これは、SDGs の目標やターゲットというフレームワークを活用することにより、企業の経済活動と17の目標や169のターゲットが示す課題解決の方向性との間に齟齬がないか確認することにより、発生可能性の高いリスクを回避できるということである。このリスクには、前述した SDGs に照らしていかがかと思われるような製品の製造・販売やサービスの提供ができなくなるなどのリスクが含まれる。

　3 つ目は、「生存戦略になる」である。これは、今後、取引先のニーズの変化や新興国の台頭など企業の生存競争がさらに激しさを増す中、SDGs への対応がビジネスを行う取引条件となる可能性も

34　ディスコ（2020）「就活生の企業選びと SDGs に関する調査」

あることから、持続可能な経営を行う戦略として活用できるとしている。例えば、企業がサプライチェーンの一部を担っている場合、その流れ全般に強い影響力を有する大企業などの別の企業がリスク回避の観点からSDGsへの取り組みに消極的な企業を排除したり、競争上不利となる環境設定を行ったりすることも十分に考えられる。そうなった場合、特に取引先が固定化傾向にあるような中小企業にとっては、極めて大きなリスクに直面することが想像される。

　4つ目は、「新たな事業機会の創出」である。SDGsへの取り組みを契機に、地域との連携、新しい取引先や事業パートナーの獲得、新たな事業の創出など、今までになかったイノベーションやパートナーシップが生まれるとされている。これは、SDGsの持つ共通言語性から、企業が取り組むことによって多様なステークホルダーとの対話が容易になり、新規取引先の開拓などにつながったり、SDGsの目標やターゲットが示す社会課題解消に向けて考える中でイノベーションが生まれたりすることを意味する。また、この多様なステークホルダーには、銀行が含まれる。日本の中小企業の多くは、その資金調達を間接金融（銀行等からの借入金）に依存している。直接金融（株式や社債の発行）が利用されにくいのは財務情報等の開示のあり方や専門人材の不在などによるものだが、現実には間接金融であっても資金調達は容易ではない。それは、借入金額の大小に関わらず、銀行の貸出コストが一定であることから生ずる銀行側の「規模の経済」もあるが、「情報の非対称性」も大きいと考えられる。そのような情報の隙間をSDGsの取り組みによって埋めることができれば、結果として資本コストも下がることにつながる。

　このように見てくると、SDGsに企業が取り組む意義は、グロー

バル企業や大企業に限られるものではなく、むしろ中小企業にこそ、そのメリットを享受するチャンスが確実にあるのでないかと思われる。

2019年8月、アマゾンやアップル、JP モルガン・チェースといった米国の200を超える大企業 CEO の団体である BRT（ビジネス・ラウンドテーブル）が、「企業の目的に関する声明（Statement on the Purpose of Corporation）」を発表した。この声明の中で BRT は、顧客、従業員、サプライヤー、地域社会、そして株主に対して、価値提供、投資、公正・倫理的な取扱、支援や長期的価値の創造についてそれぞれコミットした上で、それらステークホルダーが企業にとり不可欠なものとしたのである。この声明に対する見方は、様々あるようだ。これまでの「株主資本主義」から「ステークホルダー資本主義」に大きく舵を切ったものと肯定的に捉えるものもあれば、これまでの方針に大きな変化はなく、「株主優先主義」と「ステークホルダー主義」との関係を明らかにしたもの、あるいは単なるパフォーマンスといった辛辣なものまで存在する。

そして、2020年1月、スイスのダボスで、世界経済フォーラムの年次総会（ダボス会議）が開催された。気候変動をめぐるトランプ米前大統領とグレタ・トゥーンベリさんの発言等は、日本のメディアでも伝えられ注目を集めた。しかし、世界の指導者や経営者が集まる50回目の記念すべき2020年の会議のテーマは、「ステークホルダーがつくる持続可能で結束した世界」であった。発表された新たなマニフェストは、「第4次産業革命における企業の普遍的な目的」と題され、企業の目的はすべての利害関係者を共有された持続的な価値創造に関与させることであり、企業は、顧客、従業員、地域社会、そして株主などあらゆるステークホルダーの役に立つ存在であ

るべきとしている。

　これらの動きを肯定的に捉えるか否かは別としても、すべての先進国で解消し難いほどの極端な貧富の差が生じており、それにより多くの国で社会の分断や不安定化を招いていることに先進国の経済界が反応していることについては、異論がないだろう。世界有数のグローバルな金融機関であるクレディ・スイスの試算[35]によれば、世界全体の地域間での著しい富の偏在と合わせて、各国国内で極端な富の偏在が生じている。具体的には、多くの国で資産保有の上位1％の者が、その国全体の富の25％から40％を所有し、上位10％の者が55％から70％を所有している。世界全体で見ても、上位1％の者が世界の富の43.4％を保有し、ピラミッドの下位50％では僅か1％台の保有に止まる。このような極端な貧富の差が今後さらに拡大するとすれば、社会の安定性が損なわれることはもちろん、資本主義経済自体が成り立たないことになる。

　今こそ、「あらゆる形態と様相の貧困を撲滅することが最も大きな地球規模の課題であり、持続可能な開発のための不可欠な必要条件」と宣言しているSDGsへの取り組みが必要とされている由縁である。

35　Credit Suisse Research Institute（2021）: Global wealth report 2020.

第 2 章

SDGs推進に向けた
取り組みのポイントと実践事例

第 1 部　企業が取り組む際のポイント

　様々な調査を見ても、SDGs を理解または認識している企業の数
は確実に増えていると考えられるにもかかわらず、取り組む企業の
数が思ったほど増えていないのが実感ではないだろうか。これは、
１つには、企業全体に対して中小企業の数が圧倒的な割合
(99.7%)[36]を占める日本の産業構造に起因すると考えられる。

　中小企業の SDGs への取り組みについては、経済産業省の関東
経済産業局が2018年に行った「中小企業の SDGs 認知度・実態等
調査」[37]がある。この調査は、SDGs 関連の認知度・実態調査の調査
対象は大企業がほとんどであることから、大企業と比較して SDGs
の認知度が限定的であると指摘されている中小企業の実態を把握す
ることが目的であった。事実、中小企業500社に対する調査結果か
らは、「SDGs について全く知らない（今回の調査で初めて認識し
た）」との企業が８割を超え、「SDGs について既に対応・アクショ
ンを行っている」及び「SDGs について対応・アクションを検討し
ている」と答えた企業は、わずか２％に止まった。そして、中小
企業が「SDGs に取り組む際の課題」では、「社会的な認知度が高
まっていない」が最も多く、次いで「資金の不足」、「マンパワーの
不足」、そして「何から取り組んでいいかわからない」と続いてい
る。このような調査を前提に考えると、企業の SDGs への取り組

36　総務省・経済産業省（2018）「平成28年経済センサス - 活動調査」
37　経済産業省関東経済産業局・一般財団法人日本立地センター（2018）「中
　小企業の SDGs 認知度・実態等調査」

み方法についても、大企業など規模の大きい企業と、中小企業など比較的規模の小さい企業とでは、基本的な流れは変わらないものの、取り組み方法の具体的な展開は異なってくることとなる。

　まず、SDGs の達成に向けた企業のアプローチを把握するために、Global Reporting Initiative（GRI）、国連グローバル・コンパクトおよび持続可能な開発のための世界経済人会議（WBCSD）が開発した「SDG Compass」を見てみよう。

1．SDGs の達成に向けた企業の取り組み方法

（1）「SDG Compass」

　「SDG Compass」[38]は、「企業が、いかにして SDGs を経営戦略

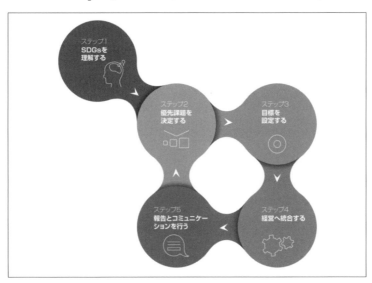

図表 2 - 1　SDG Compass で示されている 5 つのステップ
（出典 = SDG Compass）

38　GRI、国連グローバル・コンパクト、WBCSD「SDG Compass SDGs の企業行動指針－ SDGs を企業はどう活用するか－」

と整合させ、SDGsへの貢献を測定し管理していくか」に関する指針である。この指針では、企業が「その中核的事業戦略が持続可能性を確保する上でどのあたりに位置しているかを勘案し、その戦略の方向を決定し、調整していくため」、5つのステップを適用するとしている。5つのステップとは、「ステップ1：SDGsを理解する」、「ステップ2：優先課題を決定する」、「ステップ3：目標を設定する」、「ステップ4：経営へ統合する」、そして「ステップ5：報告とコミュニケーションを行う」である。この指針は、「大きな多国籍企業に焦点を置いて開発」されたものであるが、中小企業についても、「新たな発想の基礎として、必要に応じて変更して」、この指針を使用することを期待しており、全体として企業レベルで使用されるものとして作成されている。

（2）「すべての企業が持続的に発展するために」

　次に、環境省が2020年の3月に中小企業・事業者を主な対象として発行した「すべての企業が持続的に発展するために」[39]と題した「SDGs活用ガイド」の第2版を見てみよう。

　こちらは、5つの手順で取り組みを進めるよう書かれており、大きな流れ自体は似ているが、内容は異なる。このガイドでは、5つの手順を、「手順1：話し合いと考え方の共有（取組の意思決定）」、「手順2：自社の活動内容の棚卸を行い、SDGsと紐づけて説明できるか考える（取組の着手）」、「手順3：何に取り組むか検討し、取組の目的、内容、ゴール、担当部署を決める（具体的な取組の検

39　環境省（2020）「すべての企業が持続的に発展するために　持続可能な開発目標（SDGs）活用ガイド（第2版）」

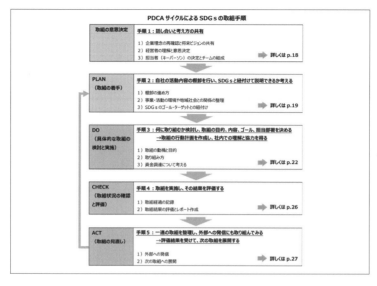

図表2-2　PDCAサイクルによるSDGsの取組手順
（出典＝SDGs活用ガイド）

討と実施）」、「手順4：取組を実施し、その結果を評価する（取組
状況の確認と評価）」、そして「手順5：一連の取組を整理し、外部
への発信にも取り組んでみる（取組の見直し）」としている。

　これら2つをベースに、企業のSDGsへの取り組み方法とポイ
ントについて述べる。

①　SDGs達成に向けた取り組みのスタート

　企業のSDGsへの取り組みの開始には、大別して2つのパター
ンがある[40]。1つは、トップダウン型である。社長やCEOといっ

40　IGES（2017）「動き出したSDGsとビジネス〜日本企業の取組み現場から
　〜」

第1章　第2章　第3章

た経営トップ及び経営層に既にSDGsに対する深い理解と強いコミットメントが存在している場合である。もう1つは、社員を巻き込み社内のサステナビリティへの機運を高めたり、サステナビリティなどの担当や現場からの声に経営層が反応したりしてSDGsへの取り組みがスタートするボトムアップ型である。「SDG Compass」では、基本的にはCEOがどう理解して行動するかという文脈[41]で書かれており、イメージしているのはトップダウン型である。これに対して、環境省のSDGs活用ガイドでは、取り組みを始める前に、自社の企業理念の再確認をSDGsの目標とのつながりを意識しながら行うことを勧めている。その上で、将来ビジョンの共有を全員で行えるような機会を持つことや若手社員の参画が重要だとしている。

SDGs活用ガイドでは、次に、「経営者の理解と意思決定」と「担当者（キーパーソン）の決定とチームの結成」へ進むとしている。まず、経営者の理解と意思決定では、実務上は経営者が納得するような内容の資料を作ることが求められる。企業がSDGsに取り組む意義については、前述した通りSDG CompassやSDGs活用ガイドにそれぞれ明確に記述してあるが、これ以外に前述した経済産業省がまとめた「SDGs経営ガイド」がある。

それぞれの企業の規模や業態、あるいは社内文化に照らして馴染みそうなものを活用して自社のSDGs推進に向けた資料を準備することから始めると良いだろう。この資料で特に大切と考えられるのは、自社が属するバリューチェーンの中の他の企業の動向及び同業他社の取り組み状況だろう。バリューチェーンの中の特に支配的

41　WBCSD（2020）「持続可能な開発目標CEO向けガイド」

な地位を有する企業が SDGs に既に取り組んでいる場合に自社が取り組みに躊躇していれば、調達基準の変更などによって、いつ SDGs に積極的に取り組んでいる同業他社にとって代わられるかもしれないからだ。その産業部門を所管するなど関連の官庁の動きもその資料にとって重要である。まだ一部ではあるが、ESG 地域金融の取り組みの実現がすでに始まるなど、将来的には、SDGs への取り組み状況によって、企業自体が有利になる、あるいは不利となるような施策の展開も考えられるからである。

　次に、「担当者（キーパーソン）の決定とチームの結成」となる。ここでの重要決定は、そのチームの構成をどうするかということである。全て専任体制とするか、主担当と若干名以外は各部門の社員の兼務とするかは、それぞれの企業の社内風土によるところが大きい。部門ごとの統制が強く機能しているような企業にあっては、後者の方が良いだろう。

　NGO などの外部人材を登用することも考えられる。グローバル企業にとって、開発途上国からの原材料や加工品の調達は、環境や人権の観点から配慮が必要である。この点について、SDG Compass の姿勢は、「ステークホルダーとの協働」というコラムを設け、「鍵を握るのが、内部および外部のステークホルダーとの包摂的な協働である」とし、その理由を「ステークホルダーの課題、利害、関心、期待等に十分配慮することは、SDGs に対する各企業の影響を完全に把握する上で有効」であり、「SDGs に関する事業機会を模索する上で役立つ情報やヒントも得ること」が可能となることであると述べている。そして、まずは、「企業の決定や活動により悪影響を受ける可能性のあるステークホルダー」から優先して参画させるべきとしている。

経営者および担当者の理解について、SDG Compass では、「ステップ 1 ：SDGs を理解する」で、企業が SDGs を利用する理論的根拠とあわせて、「企業の基本的責任」について改めて述べている。その中で、「企業の規模、セクター、進出地域を問わず、すべての企業が関連法を遵守し、国際的に定められた最低基準を維持し、普遍的な権利を尊重する責任を有するという認識」を示し、「人権を侵害しないこと、そして、自社活動あるいは取引関係を通じて関与した人権危害に対処することは、すべての企業が果たすべき基本的責任」とした上で、「この責任は、企業が人権の促進および持続可能な開発に向けた活動を行っているとしても、相殺はできない。」と明記している。

　日本企業も更に人権意識を高めることが必要だ。特に、人権侵害は一度起これば、1990年代後半のナイキの例を見るまでもなく、不買運動への発展やブランドの失墜など極めて大きなリスクとなる。そして、この種のレピュテーションリスクは、なかなか消費者の記憶からなくならず、解消されるまでに長期間を要することにも注意が必要である。

②自社の活動と SDGs との関係性の把握

　経営層の理解を獲得したならば、次の段階に進もう。ステップ 2 として、SDG Compass では、「バリューチェーンをマッピングし、影響領域を特定する」、SDGs 活用ガイドでは、「自社の活動内容の棚卸を行い、SDGs と紐付けて説明できるか考える」が示されているが、この 2 つの取り組み方は異なる。

　まず、バリューチェーンをマッピングするということは、供給拠点・調達物流から生産・事業を経て製品の販売・使用・廃棄に至る

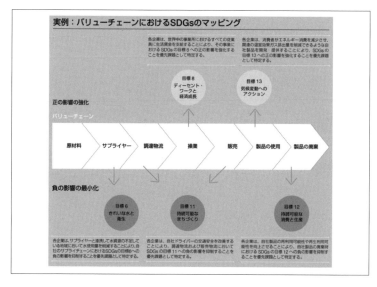

図表 2 - 3　バリューチェーンにおける SDGs のマッピング
（出典 = SDG Compass）

までのバリューチェーン全体をできるだけ正確に捉えた上で、
SDGs の目標及びターゲットに照らし、プラスまたはマイナスの影
響を与えると考えられる領域を特定することである。そして、その
プラスとマイナスの影響は、現時点のみならず将来考えられるもの
についても考慮しなくてはならない。その中から、バリューチェー
ンの区分ごとに、「一つ以上の SDGs の実施に現在貢献している
か、貢献する可能性のある各企業の中核的能力（コア・コンピテン
シー）、技術および製品構成」と「バリューチェーン全体に直接ま
たは間接に関わり、一つ以上の SDGs の目標に、現在、負の影響
を与えているか与える可能性のある各企業の活動」を特定するので
ある。
　一方で、バリューチェーン全体を把握し、その情報を収集できる

ような地位にある企業でなければ、なかなか取り組めない作業であり、現実には大企業でなければ難しい。また、バリューチェーン全体の環境負荷を定量的に評価するには、LCA（ライフサイクル・アセスメント）[42]など高度な分析手法を使用することが求められることなどから、この方法はコストがかかり、実際に取り組める企業は限られてくる。

　影響が大きい領域がマッピングできれば、SDGs を実施するための取組をどこに集中するべきかが分かる。次に行うのは、取り組みの達成度を図るための指標の設定である。企業の活動が SDGs の目標に与える影響を最も適切に表す指標を設定して、達成度を決まった間隔で把握するのである。企業が SDGs に与える影響を把握するためには、ロジックモデル（logic model）を作成するプロセスがある。投入（インプット）、活動（アクティビティ）、産出（アウトプット）、結果（アウトカム）、影響（インパクト）の５段階からなるモデルを利用することによって、環境や社会に対する影響の測定が困難であっても、それ以前のプロセスのデータを指標として代替することができるという考え方である。

　そして、企業の SDGs の目標に対するプラス及びマイナスの影響が把握できれば、SDGs の中から優先して取り組む課題を決定することになる。SDG Compass には、優先課題を決定する判断基準が記載されている。「現在および将来的な負の影響の規模、強度お

42　ある製品・サービスのライフサイクル全体（資源採取―原料生産―製品生産―流通・消費―廃棄・リサイクル）又はその特定段階における環境負荷を定量的に評価する手法である。LCA については、ISO（国際標準化機構）による環境マネジメントの国際規格の中で、ISO 規格が作成されている（国立環境研究所ホームページより引用）

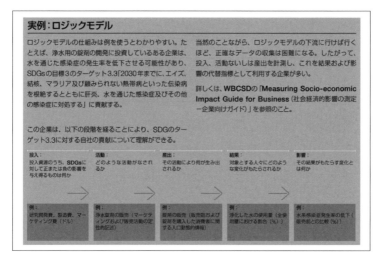

図表2-4　ロジックモデルの実例（出典 = SDG Compass）

よび可能性を検討し、その影響が主要ステークホルダーにとってどれほど重要か、ならびに資源効率化による競争力強化の機会を検討する。」そして、「これら負の影響が企業にとってコストやリスクになる可能性も検討」する。また、「各企業が SDGs 全体に対する現在または将来的な正の影響により成長する可能性や、その影響から利益を得る機会を評価する。」ことである。しかし、SDGs の17の目標を達成する上で、何を優先して取り組むかは、最終的には、主観的な判断によらざるを得ない。ただ、SDG Compass は、そのプロセスを文書化しておくことが望ましいとしている。

　これら一連の作業を進める上で、SDG Compass が提供している SDGs の17目標ごとの「ビジネスの役割」、「主要なビジネステーマ」、「主要なビジネスアクションとソリューションの例」、「ビジネス指標集（Inventory of Business Indicator）」及び「ビジネスツール集（Inventory of Business Tool）」が示されているので、参照す

ることを薦める。

　一方、SDGs活用ガイドでは、「棚卸の進め方」、「事業・活動と環境や地域社会との関係の整理」、「SDGsのゴール・ターゲットとの紐付け」の作業を行うこととなる。棚卸では、社外向けの業務・製品紹介や技術案内、環境レポート等を活用して自社がどのような事業や社会貢献活動を行っているか整理を行い、その際他の部署とも連携してより多くの社員を巻き込む。リストアップした自社の事業・活動の内容を踏まえて、それらがもたらす環境や地域社会への効果・影響を整理する。そして、環境配慮・地域社会との関係に係る影響を踏まえて、どの目標・ターゲットに貢献するのかを整理する紐付け作業を行う。この作業には、同ガイドが提供している「SDGsとの紐付け早見表」を活用できる。

　このように自社の事業・活動とSDGsを紐付けることで、自社の特徴がよく見え、強み・弱み（得意・不得意）として捉えることもできるし、将来のビジネスチャンスと経営リスクとして捉えることもできるとしている。

③目標の設定

　優先して取り組む課題が決まれば、次は目標の設定である。SDG Compassでは、「目標範囲を設定し、KPI（主要業績評価指標）を選択」し、「意欲度を設定」し、SDGsへの「コミットメントを公表」すると示されている。KPIの選択には、前のステップで影響評価に使った指標の中から、企業の活動の影響や結果に直接対応するものを選ぶのが理想だが、困難な場合も多く想定され、その際はインプットやアウトプットで代替指標と見做すのは、前述と同様である。

　そして、意欲度を設定するとは、選択した KPI を高く掲げるか、現実的な枠内に収めるか、ということである。この目標設定のアプローチで重要となってくるのは、「アウトサイド・イン」のアプローチである。SDG Compass によれば、このアプローチは、これまでの目標設定に対し内部中心的な「インサイド・アウト」のアプローチでは、世界的な課題に十分対処することができないとの認識から、SDGs は国際的に望ましい到達点に関しての前例のない政治的合意であり、「世界的な視点から何が必要かについて外部から検討し、それに基づいて目標を設定することにより、企業が現状の達成度と求められる達成度のギャップを埋めていく方法」であるとしている。

　また、この「アウトサイド・イン」のアプローチを推進・支援する取り組みとして、Science Based Targets initiative（科学的根拠

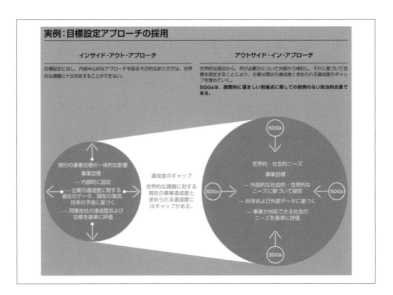

図表 2 - 5　目標設定のアプローチ（出典 = SDG Compass）

に基づき必要となるCO_2排出量削減を求める国際イニシアチブ）[43]
や Future-Fit Benchmarks（未来に合ったベンチマーク）[44]などがあ
り、その数は増えている。

　これらの目標を公表することで、企業がSDGsに取り組む意志
が、明確に企業の内外のステークホルダーに伝わるだろう。

　一方、SDGs活用ガイドでは、これらの手続きは、「手順3：何
に取り組むか検討し、取組の目的、内容、ゴール、担当部署を決め
る（具体的な取組の検討と実施）」に相当する。

　同ガイドは、あくまでも中小企業をメインの対象としていること
から、取り組みの決定に当たっては、限られた予算や時間を前提と
して「自社にとってメリットとなり、社内の協力が得られやすい内
容」とするのがよいとして、SDGsの使い方と取り組みの動機・目
的の例を表として整理している。

④ SDGs の経営への統合

　優先課題に具体的なKPIと意欲的な目標の設定を終えたら、持
続可能性を中核的事業に統合する。SDGsを経営に統合するため
に、「持続可能な目標を企業に定着させる」、「全ての部門に持続可
能性を組み込む」及び「パートナーシップに取り組む」の3つが必
要だとSDG Compassでは示されている。

　まず、企業への定着である。持続可能な目標の事業への統合に

43　CDP、世界資源研究所（WRI）、WWF および国連グローバル・コンパク
　トによる取り組みで、世界の気温の上昇を2℃以下に抑制すべきという科学
　的コンセンサスと連動する目標を企業が設定するためのツールと方法論
44　ナチュラルステップが開発。社会科学および自然科学に基づき、究極的に
　はすべての企業がその製品・サービスの別にかかわらず達成を求められる
　「絶対」目標群を定めている

は、経営トップのリーダーシップに加え、「事業として取り組む根拠を明確に伝え、持続可能な目標に向けた進展が企業価値を創造すること、またそれが他の事業目標に向けた進展を補完することについて、共通の理解を醸成すること」及び「部門や個人が当該目標の達成において果たす具体的な役割を反映した特別報償を設けるなど、持続可能な目標を全社的な達成度の審査や報酬体系に組み込むこと」が特に重要としている。組織内部に対する最大のメッセージは、人事である。サステナビリティから発想して、アウトサイド・インのアプローチで自社のビジネスの拡大に貢献できるような人材を積極的に登用することこそが、SDGs を組織に根付かせ、企業に定着させる極めて有効な手法と考える。なお、具体的な業界別の実例は、UNGC と KPMG がまとめた「SDG Industry Matrix（産業別 SDG 手引き）」が参考になる。

　すべての部門に持続可能性を組み込むには、「各部門の支持と主体的な取組み」が鍵を握っている。サステナビリティを所管するセクションだけが頑張っても目標達成はおぼつかない。それぞれのセクションが、自分ごととして、持続可能性に取り組むことが必要である。具体的には、企業全体の目標を咀嚼して、セクションごとに経営トップから委ねられている権限の範囲の中でどのような貢献が可能かを検討し、目標を立て取り組むことである。セクションごとに立てた目標は、社内会議等で公表することによって、コミットメントとなり、それぞれのセクションが SDGs に取り組む推進力となるのである。

　パートナーシップに取り組むのは、企業単独では、サステナビリティの課題に効果的に対処することが難しいからである。バリューチェーンの中の企業同士のパートナーシップ、業界内でのパート

ナーシップや行政機関・民間団体など多様な主体とのパートナーシップなど、様々な形が考えられる。

⑤報告とコミュニケーション

　SDG Compass では、報告に当たって、GRI（グローバル・リポーティング・イニシアティブ）や CDP[45]など持続可能性の報告に関する国際的に認識された基準を用いることが重要としている。例えば、GRI が定めている持続可能性に関する報告における10の原則は、報告の内容に関する原則（ステークホルダーの包摂、持続可能性の文脈、マテリアリティ（重要性）、網羅性）と報告の品質に関する原則（バランス、比較可能性、正確性、適時性、明瞭性および信頼性）の2つに大別されるが、企業が重要な問題に関して質の高い情報を作成する上で有益であり、持続可能性報告のみならず、全般的なコミュニケーションにも有用であるとしている。そして、報告の実効性を上げるために、マテリアル（重要）な事項にフォーカスして報告書を作成するべきとしている。この重要な事項について、GRI の10原則では、「組織が経済、環境、社会に与えるインパクトを反映していたり、ステークホルダーの意思決定に対して影響を及ぼしていたりすることで、重要と合理的に考えられるもの」と定めている。つまり、企業が経済、環境、社会に与えるプラス・マイナスの影響とステークホルダーの意思決定に対する影響の2つの軸で、マテリアリティを評価する。その上で、企業理念や経営戦略、ステークホルダーの懸念や期待、あるいはバリューチェーン全

45　2000年に発足した英国の慈善団体が管理する NGO。投資家、企業、国家、地域、都市が自らの環境影響を管理するためのグローバルな情報開示システムを運営している

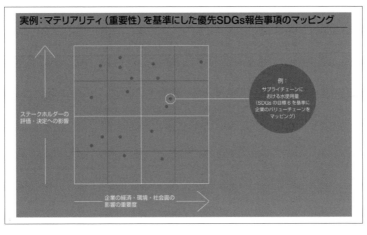

図表 2 - 6　優先すべき SDGs 報告事項のマッピング（出典 = SDG Compass）

体への影響の大きさなどを勘案して、報告すべき重要な事項を決定するのである。

　この場合のステークホルダーは、企業の「活動、製品、サービスから著しい影響を受けると思われる事業体や個人、もしくはその行動が当該組織の戦略実践や目的達成能力に影響を与えると思われる事業体や個人」と定義されている。具体的には、株主や投資家に限らず、従業員、サプライヤー、社会的弱者、地域社会や NPO・NGO などが想定される。

　「SDGs はいわば、報告における共通言語」であるとし、開示する内容に、SDGs の17の目標の中から特定の目標が選択された理由や過程、その目標に対するプラス・マイナスの影響、企業の目標と進捗状況、目標達成に向けた企業戦略などを加えるよう規定している。こうして、報告書等の開示内容を SDGs に連動させることにより、ステークホルダー間の共通の対話の実現を図るとしている。

　しかし、人的リソースも限られる中小企業が、大手企業と同じよ

うにこうした報告を行うのは難しいだろう。SDGs 活用ガイドでは、「手順4：取組を実施し、その結果を評価する」の中で、「取組過程の記録」と「取組結果の評価とレポート作成」を、また「手順5：一連の取組を整理し、外部への発信にも取り組んでみる」の中で、「外部への発信」を順次行うことが記載されている。取組過程の記録では、「取組の進み具合を確認しながら、実施前と比較して実施後はどのように変化したかをモニタリングし、取組の効果を評価」するとされている。「数字で表せる分かりやすい指標があれば、誰でも取組の効果が一目で把握できる」と記されている。これまでの手順の流れを見ると、SDG Compass とは異なり、マテリアリティの決定や取組を開始する際の指標選択や目標設定についても手順の中には入っていない。SDGs にまだ取り組んでいない企業に向けて、できるだけ垣根を低くして、「まず、やってみよう」と取り組みへの参加を促したいとする狙いがよく分かる。

　取組結果の評価とレポート作成では、取組過程と取組後の結果を用いてレポートを作成する。同ガイドでは、「日本の多くの企業のSDGs への取り組みは、『事業と SDGs の紐付け』の段階」であり、作成したレポートの内容の外部への発信を促しながら、他の企業の事例や CSR ガイドラインを参考にしたり、外部有識者のアドバイスをもらったりすることなどにより作成するやり方を勧めている。外部への発信については、大企業と同様に積極的に外部へ発信することが大切だとして、取り組みやすい発信例を挙げている。それは、「自社の他の事業所や他社へ取組スキームを紹介する」、「新製品発売の際に、SDGs とのつながりもアピールする」、「イベント等での展示に SDGs の取組を加える」「営業用のパンフレットにSDGs に関する活動レポートを掲載する」及び「ISO やエコアク

ション21などの既存の活動に SDGs の観点を追加する」の 5 つである。その際には、SDGs の17の目標ごとのロゴを使ったり、FSC 認証などの認証マークを使ったりする発信の仕方も紹介している。

　SDGs 活用ガイドでは、ここまでの一連の手順の流れを一度体験してから、つまり、まずやってみてから、次のステージに立つことを想定している。一度体験することによって、SDGs の複数の目標やターゲット間のシナジーやトレードオフの関係が感覚的に掴めてくることや社内で SDGs の普及や取り組みに対する理解が拡大する。そこから、より多くの目標やターゲットに取り組むことや、商品開発や営業活動などでの戦略的な SDGs の活用も可能となってくる。また、地域社会の課題に対しても、多様なステークホルダーとのパートナーシップや地域活性化など、地域性の高い中小企業ならではの取り組みも考えられることになるとしているのである。同ガイドは、中小企業などを対象としているが、SDGs の取り組みに、PDCA のサイクルを導入して目標に対してより効果的な取り組みにしたり、取り組む目標を増やしたりするこのような考え方はすべての企業に当てはまるだろう。

２．企業のための SDG 行動リスト

　ここまで、グローバル企業を念頭に置いている SDG Compass と、国内の中小企業を対象とした SDGs 活用ガイドを参考として、二つの視点から SDGs への取り組み方法を概説してきた。一方で、「取り組みのプロセスは分かるが、どのような行動が SDGs に即した企業の行動か判断が付かない」と感じる読者もいるだろう。

　そこで、2020年 6 月に慶應義塾大学 SFC 研究所 xSDG・ラボは、SDGs を企業行動に翻訳した「企業のための SDG 行動リスト ver.1

（以下、SDG 行動リスト）」を公開している。

　慶應義塾大学 SFC 研究所 xSDG・ラボ・xSDG コンソーシアムに設置された「金融アセスメントプラットフォーム分科会」では、2018年度から2019年度にかけて、xSDG・ラボのメンバー、アドバイザー、オブザーバー（関係省庁）のほか、同分科会に参加した会員企業・自治体といった多様な参加者によって、企業におけるSDGs 目標達成のための行動についての議論を進めてきた。その成果として策定されたのが、SDG 行動リストである。

　SDG 行動リストの目的は、SDGs 目標達成のための企業行動を明らかにすること、そして、企業行動の評価のための基準を提供することである。つまり、SDG 行動リストは、SDGs に取り組む企業にとっての道しるべとしての役割を担うとともに、企業によるSDGs への対応を評価する金融機関での評価指標作成などにも役立つツールでもあるのだ。

　SDG 行動リストを活用すれば、同業種・業態における各企業の位置付けが明らかになるとともに、どの部門においてどの「SDG行動」をすべきかを明確にできることで、SDGs を経営に実装し、SDGs 目標達成のための行動を促すことが可能だ。また、企業におけるSDGs 推進状況の進捗確認や評価について、その可視化も期待できる。

　SDG 行動リストについて詳細に説明しよう（図表 2 − 7 ）。まず、最も左の列には17ある SDGs の目標が位置している。続いて、左から 2 列目には、「新訳ターゲット」が記載されている。これはSDGs の169あるターゲットと同義であるが、その日本語訳は、「SDGs とターゲット新訳」制作委員会[46]（委員長：蟹江憲史、副委員長：川廷昌弘）が制作した訳を採用している。

企業のための SDG 行動リスト ver.1

慶應義塾大学 SFC 研究所 xSDG・ラボ
xSDG コンソーシアム「金融アセスメントプラットフォーム分科会」
2020年 6 月26日公開　　X.SDG Lab.

SDGs			新訳ターゲット	カテゴリー	サプライチェーン・プロセス	SDG 行動	具体的行動の例
Goal 1（貧困）	1.2		2030年までに、各国で定められたあらゆる面で貧困状態にある全年齢の男女・子どもの割合を少なくとも半減させる。	経営・管理	調達	適正な価格や査定基準による取引	・フェアトレード認証の取得 ・原材料を適正な価格で安定的に調達する
				経営・管理	販売	低所得者層が購入しやすい販売と販売方法の採用	・小口販売 ・製品のサービス化（product as a Service）による購入型販売から利用型販売の提供 ・共同購入制度の導入 ・定期購入による割引制度

図表 2 - 7 SDG 行動リスト

　そして、右から 2 列目には、それぞれのターゲットごとに「SDG 行動」が記載されている。SDG 行動リストにおける「SDG 行動」という表現は、SDGs の目標やターゲットの達成に貢献する企業行動を指している。

　これらの「SDG 行動」を更に具体化させたものが、最も右側の列にある「具体的な行動の例」である。これらは、SDGs で掲げられた目標の達成に貢献する「SDG 行動」の具体例である。「具体的行動の例」の提示にあたっては、（1）法令により遵守すべき行動は、例示の対象としていない、（2）CSR（Corporate Social Responsibility）は近年、企業の情報開示や社会貢献活動の文脈で使用される傾向にあるため、例示の対象としていない。（3）原則として、企業の本業をつうじて SDGs 目標達成に貢献する企業行動を対象に例示している、といった 3 つの留意点がある。

　こうして、SDGs の各目標から、それぞれに付随するターゲット、それらの達成に貢献する企業行動、その具体的な行動例までを提示した上で、左から 3 列目の「カテゴリー」をご覧いただきた

46　制作委員会の詳細は、慶應義塾大学 SFC 研究所 xSDG・ラボホームページ（https://xsdg.jp/）を参照されたい

い。このカテゴリーは、企業の各部署が、「SDG 行動」を自分ごと化し、取り組みやすくするために、「経営・管理」「労働・人権」「環境マネジメント」「気候変動」の４つに「SDG 行動」を分類したものだ。さらに、左から４列目には、「サプライチェーン・プロセス」が位置づけられている。企業の SDGs 目標達成への貢献を評価するためには、各取引において、企業の枠を超えた透明性や情報の信頼性が求められる。そこで、「SDG 行動リスト」では、サプライチェーンの観点から「SDG 行動」を整理している。特に重要なサプライチェーンのプロセスを、「調達」「物流」「生産」「販売」の４つで示し、「SDG 行動」をいずれかに分類している。ただし、すべてのプロセスに共通となる「SDG 行動」だけは「共通」と表記している。

　それでは、最上段に記載された目標１（貧困）のターゲット1.2「2030年までに、各国で定められたあらゆる面で貧困状態にある全年齢の男女・子ども割合を少なくとも半減させる。」を例にして見てみよう。このターゲットの達成に向けて該当する企業の行動、つまり「SDG 行動」は２つある。１つ目は「適正な価格や査定基準による取引」である。この SDG 行動では、具体的な行動の例として「フェアトレード認証の取得」と「原材料を適正な価格で安定的に調達する」を挙げることができる。こうした行動は、企業では「経営・管理」業務に位置づけられる。そして、サプライチェーン・プロセスの観点から見れば、「調達」の段階にある。２つ目の SDG 行動である「低所得者層が購入しやすい価格と販売方法の採用」には、「小口販売」、「製品のサービス化（product as a Service）による購入型販売から利用型販売の提供」、「共同購入制度の導入」、「定期購入による割引制度」といった４つの具体的な行動の例が挙

げられている。こうした行動は、1 つ目と同じく「経営・管理」業務に位置づけられる。そして、サプライチェーン・プロセスの観点から見れば、「販売」の段階にあると言える。

　以上が、SDG 行動リストの内容である。巻末にリスト全文を掲載しているので、参照されたい。第 2 部では、実際に10社の企業の事例から具体的に企業がどのように SDGs を推進しているのか、SDG 行動リストの観点からご紹介する。

1．実践事例の紹介

　2020年は、世界中がコロナ禍で翻弄された一年であった。

　年を越しても収束の兆しを見せないCOVID-19によるパンデミックは、全世界で感染者が1億9千万人を超え死者も400万人を上回っている（2021年7月26日時点）[47]。それだけに止まらず、コロナ禍は、SDGsの進展にとっても極めて甚大な影響を与えている。世界中で貧困や飢餓に直面する人が大きく増え、様々な人権課題も発生するなど、国連のグテーレス事務総長の言葉を借りるなら、「私たちが大きな前進を是が非でも必要としているまさにこの時、COVID-19は私たちを数年、さらには数十年も後戻りさせ」、「SDGsの達成から、さらに大きく引き離している」[48]のである。

　日本国内でも、2020年3月には、新型インフルエンザ対策として2012年に成立していた新型インフルエンザ等対策特別措置法を改正して、一定期間COVID-19を新型インフルエンザ等とみなすための法改正が行われ、日本で初めての緊急事態宣言が政府により発出された。新年を迎えたばかりの2021年1月7日には、首都圏の急激な感染の再拡大を抑えようと南関東エリア（1都3県）に限定した緊急事態宣言が再び発出された。関係者の必死の努力にも拘らず、で

47　NHK ホームページ特設サイト（「新型コロナウイルス　世界の感染者数・感染者マップ」）

48　「持続可能な開発に関するハイレベル政治フォーラム」でのアントニオ・グテーレス国連事務総長発言（ニューヨーク、2020年7月14日）

ある。その後も、東京都では2021年 7 月に 4 回目となる緊急事態宣言が発令された。

　このような状況下にあって、企業経営者のSDGs に対する理解は広がっているのだろうか。また、取り組む企業は増えているのだろうか。様々な調査がある中で民間調査機関[49]が2020年 6 月に行った調査結果によれば、企業経営者のSDGs の認知度は 8 割に近づき、大企業については 3 社に 1 社を超える割合で取り組みに積極的であるとされた。

　第 2 部では、コロナ禍でも多くの企業がSDGs への取り組みを進める中で、SDGs のそれぞれの目標に対する企業の先進的な取り組み事例を紹介する。

　これらの取り組みは、前述のSDG 行動リストで示されている74のSDG 行動の中から、カテゴリーやSDGs の目標などが偏らないように留意して選定した10のSDG 行動を体現している事例である（図表 2 - 8 ）。取り上げる企業の取り組み自体は、17の目標を全体として一体のものと考えるという視点からは、まだまだ取り組むべき点が多い。また、ここで取り上げる行動がSDGs の行動として唯一無二のものであるというわけではない。しかし、SDG 行動とはどういうものか、今後、17の目標全体を総合的に扱ううえでどのような点に留意すればよいのか、ということを理解するうえで参考になる事例として、以下の事例を取り上げることとする。

　早速、 1 つ目の事例として、目標 5 「ジェンダー平等を実現しよう」に関連するSDG 行動「LGBT への配慮」について、株式会社セールスフォース・ドットコムが行う取り組みから順にご紹介する。

49　帝国データバンク（2021）「SDGs に関する企業の意識調査」

事例	カテゴリー	具体的行動の例
1	労働・人権	・就業規則への性的志向・性自認に関する差別禁止の明文化 ・ジェンダーフリートイレの設置 ・トランスジェンダーガイドラインの発行 ・同性パートナーを配偶者と認める人事制度（結婚休暇、出産休暇、結婚祝い金） ・多様な人材登用推進の専任部署（ダイバーシティー推進室）
2	労働・人権	・過疎地域での持続可能な物流システムの構築（貨客混載） ・ラストワンマイルの解消（新たな交通システムの開発等）
3	経営・管理	・有機農産物・無農薬栽培・オーガニック ・機能性表示食品や特定保健用食品の生産 ・ゲノム編集・遺伝子組み換え食物に関わる生産への配慮
4	経営・管理	・社会課題解決に向けた企業協働事業の推進
5	環境マネジメント	・共同配送 ・モーダルシフト ・EV、FCVや低公害車の導入 ・バイオジェット燃料
6	環境マネジメント	・包装を減らした商品の陳列 ・サステナブル認証付きの商品の陳列 ・地産地消商品の販売 ・生産者情報の表示
7	環境マネジメント	・レジ袋の削減 ・（飲食店などでの）割り箸削減 ・簡易包装 ・折り畳みコンテナの使用 ・食品ロスを削減する仕組み ・使用済製品、部品、容器の回収 ・注文生産の実施 ・生産者による直接販売の実施
8	環境マネジメント	・サステイナビリティ報告書や統合報告書などの定期報告
9	気候変動	・EV、FCVや低公害車の導入 ・モーダルシフト ・製品ライフサイクルを通じたエネルギー効率改善
10	気候変動	・ハザードマップを活用した避難訓練の実施 ・避難ガイドラインの策定 ・調達に関するリスク管理（例えば、シミュレーションによるシナリオ分析の活用等） ・取引先の気候変動問題への理解と取り組み（計画）の確認 ・事業所を水害の少ない場所に選定

図表 2 - 8　本書で紹介する企業の実践事例と

SDG 行動	ターゲット	目標	企業名
LGBT への配慮	5	5 ジェンダー平等を実現しよう	株式会社セールスフォース・ドットコム
交通難民の解消	11.2	11 住み続けられるまちづくりを	株式会社能勢・豊能まちづくり
安全・栄養に配慮した食料の生産	2.1	2 飢餓をゼロに	株式会社ビビッドガーデン
市民社会や公的機関とのパートナーシップの構築	17.17	17 パートナーシップで目標を達成しよう	ESRI ジャパン株式会社・国際航業株式会社
環境に配慮した配送	9.4	9 産業と技術革新の基盤をつくろう	ANA ホールディングス株式会社
サステナブルな商品陳列や販売方法の採用	12	12 つくる責任 つかう責任	楽天グループ株式会社
ライフサイクルにおける4R（リデュース、リユース、リサイクル、リフューズ）の実践	12.5	12 つくる責任 つかう責任	株式会社良品計画
持続可能性に関する情報の定期的な報告	12.6	12 つくる責任 つかう責任	株式会社大和証券グループ本社
エネルギー使用効率の改善	7.3	7 エネルギーをみんなにそしてクリーンに	トヨタ自動車株式会社
気候変動適応への取り組み	13.1	13 気候変動に具体的な対策を	パタゴニア日本支社

SDG 行動リストの対応関係

第1章

第2章

第3章

●目標5　ジェンダー平等を実現しよう

株式会社セールスフォース・ドットコム

「誰もが平等な社会」の構築に向けて企業ができること

　私たちが暮らす社会は果たして平等だろうか。

　もしかしたら、目の前に広がる不平等があなたには見えていないだけかもしれない。SDGs の視点で物事を見ることで、隠れた不平等を可視化することも可能だ。例えば、目標5「ジェンダー平等を実現しよう」の観点から、企業にできることがないか考えてみてほしい。その達成に向けては、女性管理職比率を増加させることをはじめ、男女格差をなくすために、企業が取り組むべき行動がある。

　「企業のための SDG 行動リスト ver.1」では、男女格差に限らず、SDG 行動として「LGBT への配慮」を挙げている。LGBT とは、レズビアン（Lesbian）、ゲイ（Gay）、バイセクシュアル（Bisexual）、トランスジェンダー（Transgender）の頭文字から構成された言葉で、性的少数者と訳される。神谷ら（2020）[50]は、「自分の性を女性と認識していて、同性である女性を好きになる『女性同性愛者』、ゲイは『男性同性愛者』、バイセクシュアルは女性を好きになることもあれば、男性を好きになることもある『両性愛者』を指します。トランスジェンダーは『生まれた時に割り当て

50　神谷悠一・松岡宗嗣『LGBT とハラスメント』（2020）p16, 集英社 .

られた性別と、自分の認識している性別が一致していない人』のことをいいます。」と説明している（図表 2 - 9）。また、クエスチョニング（Questioning）やクィア（Queer）と呼ばれる人々を表す頭文字の「Q」を加えて、LGBTQ と表記されることも多い。そのため、本稿では LGBTQ を対象とした様々な取り組みについて考えていきたい。

　SDGs の文脈で考えてみると、LGBTQ の人々が差別的な扱いを受けているとすれば、目標10「人や国の不平等をなくそう」に関係するだろう。ターゲット10.3に「差別的な法律や政策、慣行を撤廃し、関連する適切な立法や政策、行動を推進することによって、

頭文字	呼　称	概　要
L	レズビアン（Lesbian）	自分の性を女性と認識していて、同性である女性を好きになる『女性同性愛者』
G	ゲイ（Gay）	自分の性を男性と認識していて、同性である男性を好きになる『男性同性愛者』
B	バイセクシュアル（Bisexual）	女性を好きになることもあれば、男性を好きになることもある『両性愛者』
T	トランスジェンダー（Transgender）	生まれた時に割り当てられた性別と、自分の認識している性別が一致していない人
Q	クエスチョニング（Questioning）	自らの性のあり方等について特定の枠に属さない人、わからない人。典型的な男性・女性ではないと感じる人
Q	クィア（Queer）	規範的な性のあり方以外のセクシュアリティ

図表 2 - 9　LGBTQ の呼称と内容
（出典 =『LGBT とハラスメント』を参考に著者作成）

機会均等を確実にし、結果の不平等を減らす」とあるように、一部の人に対して差別的な法律や慣行はなくさなければならない。ターゲット16.b にも「持続可能な開発のための差別的でない法律や政策を推進し施行する」と示されており、未来に向けて社会全体が取り組んでいかなければならない課題だと言える。

しかし、2021年現在の日本のように、社会的な仕組みが、男性と女性という 2 つの性別を前提に構築されてしまうことで、LGBTQ への包摂性が不十分になってしまう現状がある。そこで、LGBTQ の人々が働きやすい環境を整備しようと動いている企業がある。その 1 つが、米国クラウドサービス大手である株式会社セールスフォース・ドットコムの日本法人（以下、セールスフォース）である。今回は、同社の社会に対する向き合い方と LGBTQ への理解について、執行役員の遠藤理恵さん（サステナビリティ＆コーポレートリレーションズシニアディレクター）と、人事部門の岡林薫さんにお話を伺った。

“自社の文化として根付く社会をよりよくしていく姿勢”

セールスフォースが LGBTQ に関する取り組みを行う前提として、同社の社会に対する向き合い方を知る必要がある。

まず、セールスフォースには、お互いを家族のように大切な存在と捉える文化がある。そして、同社が大切にしている 4 つのコアバリューがある。それが、「信頼」「カスタマーサクセス」「イノベーション」「平等」である。

「セールスフォースは1999年の創業当時から、社会をより良くしていくことを目的としています。つまり、SDGs が採択される以前から社会に貢献することを意識してきたのです。その中で、コア

2 -10　日本法人でサステナビリティの責任者を務める遠藤さん

バリューの１つにある『平等』の実現に向けて、LGBTQ や障がい
者の社員を支援する活動も行われています」と遠藤さんは教えてく
れた。

　同社日本法人では平等推進室（Office of Equality）が後援す
る、社員が自主的に組織した ERG（Employee Resource Group）
と呼ばれるコミュニティが複数存在する。同社の社員はこれらのグ
ループに業務時間内で認められているボランティア活動として自主
的に参加している。こうした取り組みの背景にあるのが、株式の
１％、製品の１％、社員の就業時間の１％を社会貢献に役立てる
「１−１−１モデル」と呼ばれる取り組みだ。自社の強みであるテ
クノロジーを活用し、自社製品を非営利団体等に提供することで、
彼らの業務効率の改善を通じて、より多くの時間を本来の社会的意
義の実現に振り分けられるよう支援している。また、すべての社員
に毎年56時間（７日）の有給ボランティア休暇が付与され、社員が

望むボランティア活動に従事しているという。この「1－1－1モデル」は、世界中の企業・団体から注目され、お手本とされているのだ。

　同社では、気候変動対策も積極的に行っており、自社事業のカーボンニュートラルを達成した。「これまでのサービス選定の基準は価格、機能、セキュリティでしたが、これからは二酸化炭素の排出量が新たな基準の1つとなるでしょう。」と遠藤さんは話す。また、顧客の二酸化炭素排出量を可視化する「Salesforce Sustainability Cloud」と呼ばれるサービスも提供している（日本での提供については準備中）。

　このように、様々な革新的取り組みを行っている同社だが、本書では、特に LGBTQ に関する同社の取り組みに焦点を当てて紹介する。

"LGBTの仲間が安心して働ける環境を整える"

　セールスフォースでは、社内に「アウトフォース（Outforce）」と呼ばれる社員のコミュニティグループ（ERG）が組織されている。これは、LGBTQ 当事者の社員と、彼らを支援する「アライ（Ally）」の社員で構成されるコミュニティである。このアウトフォースは、コアバリューの1つに「平等」を掲げる同社にとって大切な取り組みの1つである。

　同社の米国法人では、ハブ拠点であるインディアナポリスで、州議会が「宗教の自由の回復法」と呼ばれる法案を可決した際に、会長兼 CEO であるマーク・ベニオフ氏が、先頭を切って同法の廃止を呼びかけている。同法についてベニオフは著書[51]で「表面上は、信仰を持つ人々が、政府が好ましくない形でそれぞれの信条を侵害

2 -11　日本法人のアウトフォースでリーダーとして活動する岡林さん

　してきた場合に抵抗できるようにする法案だ。しかし実際には周知の通り、同州の事業者が宗教的見解を振りかざし、LGBTQ の顧客を差別することを法的に認めるものだった」と語っている。このように、すべての人々の平等は、同社に欠かせないバリューなのである。

　日本法人でのアウトフォースも、米国と同じく活発に活動している。国内最大級の LGBT のイベントである東京レインボープライド（以下、TRP）へ参加や、LGBT に対する理解を広げる活動に取り組んでいる。セールスフォースは TRP への企業協賛やブース出展だけでなく、会長や社員自らがパレードに参加している。また、LGBT の社員によるカミングアウトの経験談を伝えるカミン

51　マーク・ベニオフ、モニカ・ラングレー著、渡部典子訳『TRAILBLAZER
　　企業が本気で社会を変える10の思考』（2020）pp35-51, 東洋経済新報社

グアウトイベントなども開催している。

　こうした活動を通じて、性的少数者であるLGBTQへの理解を促し、アライを増やしていくことが大事であると、日本法人のアウトフォースでリーダーを務める岡林薫さんは言う。

　岡林さんは、人事部で新入社員の研修等の業務にも携わっており、企業がTRPなどのイベントに参加することで、LGBTQへの理解につながることはもちろん、顧客や社員にセールスフォースの企業風土を認識してもらう機会になると実感しているそうだ。

　「私もセールスフォースの取り組みを知って、この会社で働きたいと思い、就職した人間のひとりです」と岡林さんは続ける。

　岡林さんは、自ら同性愛者であることを公言することで、社内のLGBTQの人が相談しやすい環境を作っており、カミングアウトをしている人も、したくない人も、社内で孤立することなく働けるように心がけている。このように企業としてLGBTQへの取り組みを公言するだけでなく、社内の人がそれを体現していることが重要である。

　2020年には、新型コロナウイルスの感染拡大を受け、セールスフォースは同年4月にオフィスを閉鎖し、リモートワークで業務を続けている（その後、部分的に再開）。アウトフォースとしての主要な活動であるTRPも今年はオンライン上での開催になったが、ハフポストのプラットフォームを利用して行われたこともあり、従来に比べ幅広い視聴者が参加したという。こうした変化を受け、岡林さんは「これまでは限られた関心のある企業だけがTRPに参加していましたが、ハフポストの読者という新たな層に参加してもらう機会になったということもあり、より大きなインパクトを社会に与えることができたと思います。今年のTRPに参加して、セール

スフォースへの入社を決意したという人もいましたし、LGBTQの理解促進という点では、オンライン形式となったことで、ネガティブな影響よりもポジティブな影響が大きいと感じました」と語る。

　また、社内のイベントやミーティングもウェビナー形式で開催されるようになったことで、昨年までに比べて参加者がかなり増えたという。対面でのコミュニケーションの機会が失われることで、LGBTQの人の孤立も懸念されたが、LGBTQの社員からのカミングアウトや相談件数などに大きな変化は感じられず、むしろより多くの人にLGBTQの理解促進を図ることができ、アライを増やす機会となったようだ。

❝平等実現に向けた課題❞

　セールスフォースの日本法人では、コアバリューである「平等」

2-12　コアバリューの1つである「平等」の実現に向けて、社員も楽しみながら活動に参加している（出典＝セールスフォースホームページ[52]）

52　セールスフォースホームページ
　　https://www.salesforce.com/jp/campaign/force-for-change

の実現を積極的に進めてきたが、LGBTQ の社員も含めたすべての社員がリーダーシップを発揮するための環境整備には、まだ法的な課題も残されている。

　「例えば、弊社で働く LGBTQ の社員は、不妊治療・養子縁組の福利厚生を利用できません。日本の法制度では、同性婚が合法ではないため、制度はあっても、実質的に利用することができない状況なのです。また、日本の法律では同性カップルが精子バンクを利用することができず、個人がオンライン上でドナーを探している現状があるなど、法律が大きな障壁となっています」と岡林さんは教えてくれた。

　また、近年一般的になってきた「みんなのトイレ」や「だれでもトイレ」と呼ばれる LGBT の人を意識したトイレについても、当事者からすると逆に使いづらいといった課題も存在する。こうした課題に対しては、ストレート（性自認と生物学的性別が一致する人）の人だけで議論するのではなく、LGBTQ 当事者とともに新たな解決策を共創することが必要だろう。

"SDGsとセールスフォース"

　最後に、第一線で取り組みを続けるお二人に SDGs を企業活動で活用するメリットについて伺った。

　岡林さんは、前提として、SDGs の考え方は、SDGs 採択以前から自社にあったと感じているそうだ。その背景には、同社 CEO のマーク・ベニオフ氏が、ビジネスは社会を変えるための最良のプラットフォームであるという考えを持ち、会社に関わるすべての人を家族として考える文化を根付かせ、「平等」を含めたコアバリューを設定していたことがあるという。それでも、セールスフォースに

とって SDGs ができたことは大きな変化をもたらしたようだ。

「SDGs に興味を持ってもらうことで、同時に LGBTQ にも興味を持ってもらう入り口になっています。その結果、これまでよりも多くの人に平等の重要性を認識してもらいやすくなりました。また、他社のリーダー陣に訴えかける時にも共通言語である SDGs を通して話すことで理解を得やすくなったこともメリットと感じています」

また、岡林さんはこのタイミングで SDGs ができて良かったと言う。それは社会を良くしていきたいと考える若い世代が増える中で、企業がいかに彼らの求める企業となれるかを考えるきっかけになるからだ。また、日本企業の CSR 活動は環境問題に重点を置くものが多いため、SDGs を通じて、社会や経済の様々な側面にも課題があることを認識するきっかけとなると語ってくれた。

遠藤さんは、企業が SDGs に取り組むことで社員は社会を良くしているという実感を持ち、満足感を得ながら仕事ができる点が大きなメリットだと感じているという。

「セールスフォースには、社会を良くすることを目指す企業文化が存在し、社員の主体的アクションを推奨し、応援する気風があります。こうした企業の姿勢が、社員のモチベーションを高く保つことにつながり、勤続年数を長く保つことにつながっているように思います」

また、SDGs に取り組むことによるメリットは社員の働きがいだけでなく、社員一人ひとりのビジネススキルの向上にもつながる。

「社員が自分のプロフェッショナルスキルを活かして社会をよりよくするための主体的な活動を行うことで、自らの能力をさらに開

発させることもできます。その経験が本業にも生かされるという社員の声も多く聞きます。SDGs を軸に、普段の業務を超えて積極的に社会との接点を持つことで、自分が社会に何ができるか主体的に考え、次の行動に繋がる社員が多くいます」と遠藤さんは教えてくれた。

　二人の話にあるように、SDGs を積極的に活用することで、これまで接点のなかった分野と関わる機会を見つけることもできる。SDGs という共通言語の力を借りることで、企業にとっても、これまでにない大きな可能性が拓けるはずだ。

◆ SDG 行動リストの該当箇所と更に強化できるポイント

ターゲット	カテゴリー	サプライチェーン・プロセス	SDG 行動	具体的行動の例
5 全般	労働・人権	共通	LGBT への配慮	・就業規則への性的志向・性自認に関する差別禁止の明文化 ・ジェンダーフリートイレの設置 ・トランスジェンダーガイドラインの発行 ・同性パートナーを配偶者と認める人事制度（結婚休暇、出産休暇、結婚祝い金） ・多様な人材登用推進の専任部署（ダイバーシティー推進室）

　本事例は、SDG 行動リストの中で、「LGBT への配慮」に該当する取り組みである。セールスフォースでは、行動リストで示されている具体的な行動の多くに取り組み、さらに新たな取り組みの実施や、現在の取り組みの改善を図ろうとしている。しかし、岡林さんが指摘するように、不妊治療・養子縁組の福利厚生は、日本の法制度によって LGBTQ の社員が利用することができない状況にある。こうした課題は、SDGs が目指す持続可能な社会を目指す上で、セールスフォースだけでなく社会全体で検討し、改善を続けるべきポイントの 1 つと言えるだろう。

●目標11 **住み続けられるまちづくりを**

株式会社能勢・豊能まちづくり

エネルギーを軸としたまちづくりで 中山間地における交通へのアクセスを高める

　鉄道やバス、そして地下鉄などが縦横無尽に張り巡らされた大都市であれば、交通の不便を感じることは少ないかもしれない。しかし、中山間地に位置する自治体では、人口減少によって交通機関の利用者が減り、採算が取れなくなった結果、公共交通機関が廃止されるという悪循環に陥る地域も見られる。そうした地域では、住民の足として自家用車が欠かせないが、自家用車を持たない高齢者の場合、通院や買い物に出かけることは簡単なことではない。このほかにも、子どもたちの通学に支障をきたすなど、地域の未来にも関わる問題だ。いわゆる「交通難民」と呼ばれる公共交通機関への十分なアクセスが確保されていない人々ができる限り発生しないような持続可能な交通インフラの検討と運用は重要な地域課題の1つだろう。

　この課題は、SDGsでは、特に目標11「住み続けられるまちづくりを」に付随して設定されているターゲット11.2「2030年までに、弱い立場にある人々、女性、子ども、障害者、高齢者のニーズに特に配慮しながら、とりわけ公共交通機関の拡大によって交通の安全性を改善して、すべての人々が、安全で、手頃な価格の、使いやすく持続可能な輸送システムを利用できるようにする」の達成に大きく関係する。「企業のためのSDG行動リストver.1」では

SDG 行動として「交通難民の解消」が挙げられている。この行動を具体化するために、「過疎地域での持続可能な物流システムの構築（貨客混載）」や「ラストワンマイルの解消（新たな交通システムの開発等）」の 2 つの例が示されている。こうした地域課題の解決に企業はどのような役割を果たすことができるのだろうか。

　本稿では、過疎地などにおける新たな交通システムについて取り組む企業の取り組み事例を紹介すべく、株式会社能勢・豊能まちづくり（以下、能勢・豊能まちづくり）の榎原友樹さん（代表取締役社長）にお話を伺った。

"まちと一緒に地域課題を解決する会社"

　はじめに、能勢・豊能まちづくりの拠点となる自治体、すなわち能勢町と豊能町について紹介しよう。

　約9,700人（2020年12月現在）が暮らす能勢町は、京都府と兵庫県の両府県と境界を接し、大阪市内からおよそ40km 離れ、大阪府の最北端に位置する。その面積のほとんどに山林と田畑が広がり、山の斜面に見える棚田は日本の原風景を思わせる。こうした里山が残されていることで、豊かな生物多様性が守られていると言えよう。200年の伝統を誇る「能勢の浄瑠璃」は、国の無形民族文化財にも選ばれ、ほかにも「山辺の獅子舞」「野間出野の獅子舞」と呼ばれる獅子舞が大阪府の無形民俗文化財に選ばれるなど、豊かな伝統文化も有している。

　隣接する豊能町は、人口約18,000人（2020年12月現在）を抱え、町内に所在する能勢電鉄妙見線妙見口駅から阪急大阪梅田駅までは約50分でアクセスできる。戦国時代のキリシタン大名として名を馳せる高山右近生誕の地としても知られ、ゆかりの史跡も多く、「高

山ごぼう」や「高山真菜」といった地域の農産物にも高山の名が冠されている。最近では、シティプロモーションの一貫として、「豊能町魅力発掘隊」を組織し、子育て世代の移住を促進しようと取り組みも進めている。

さて、本稿のテーマである地域交通に関して言えば、両自治体の交通アクセスについては、能勢町には鉄道の路線はない。豊能町では、前述の妙見口駅のほか、同路線の光風台駅、ときわ台駅といった3駅が利用可能だ。しかし、町域は広く、鉄道駅へのアクセスが良好な地域ばかりではない。

こうした特徴を持つ両自治体を拠点とする能勢・豊能まちづくりは、地域電力を生業とする企業である。榎原さんが、両自治体とはじめて関わりを得たのは、2018年のことだった。環境省の「地域の多様な課題に応える低炭素な都市・地域づくりモデル形成事業」に

2-13　榎原さん（左から2番目）は、両町長の支援も受けて新たなチャレンジをスタートさせた

選定された「里地と都市の再エネ地域連携による持続可能な北摂モデルの構築」というプロジェクトの調査段階に参画したことがきっかけだという。

「調査段階を経て、計画の実現に向けて、一般社団法人地域循環まちづくり推進機構を設立しています。その後、同法人と能勢町・豊能町との三者で、地域電力の供給に向けた企業である能勢・豊能まちづくりを2020年7月に設立したという経緯です。設立から数ヶ月後には、能勢町・豊能町の役場や公民館など公共施設に電力供給をはじめました。まだ会社が立ち上がった段階ですが、まちと一緒に前に進んでいる感覚があります」と榎原さんは語る。

能勢・豊能まちづくりでは、太陽光発電や風力発電のような自然エネルギーを域外から買い集め、両自治体の公共施設に届ける仲介役を担う地域新電力（電力小売）を事業の柱にしている。再生エネルギー比率を拡大することで、SDGs のターゲット7.2「2030年までに、世界のエネルギーミックスにおける再生可能エネルギーの割合を大幅に増やす」に貢献する取り組みだ。能勢・豊能まちづくりは、この電力を使って、地域の交通アクセスの改善に貢献しようとしている。例えば、住民とのタイミングが合えば、同社の営業車として用いる電気自動車を住民の買い物や通院に使ってもらうことを計画している。

このように地域住民に愛され、共存する企業づくりを目指し、様々な取り組みが動き始めている。

"自然エネルギーで地域の交通不便を解消する"

その代表的な取り組みが、電気自転車（e-bike）を整備し、町内の高校生に使ってもらうという計画だ。鉄道のない能勢町に暮ら

す高校生が、自宅から町内の大阪府立豊中高等学校能勢分校（旧能勢高校）に通学する方法は、①路線バス、②保護者が運転する車、③自転車、④徒歩の4パターンである。①路線バスは、山岳区間の料金は割高で経済的負担が大きい。②保護者が運転する車で通学した場合、保護者の都合に左右されるので、部活動も満足にできないこともある。③自転車は比較的近距離の場合に用いられるが、それでも行きに40分程度、帰りは登坂を余儀なくされるため、行きの2倍以上の時間をかけて通学する高校生もいる。④徒歩通学も、同様に30分以上歩いて通学する生徒がいる。放課後、部活動や講習を終えての下校では、街灯がなく人気のない暗い夜道を一人で歩いて帰っており、安全面の確保も課題である。こうした現状を背景に、同校の「地域魅力化クラブ」に所属する高校1年生、2年生の生徒6人と、榎原さんは2020年10月下旬に「能勢・豊能まちづくりの収益を使って何をするか」をテーマとするワークショップを開催している。

　「ワークショップでは、『通学路にシカやイノシシが出るので、街灯を設置できないか』や『学校の中庭に太陽光発電システムの設置ができないか』といったアイデアが寄せられました。『電動自転車の貸し出しシステムを構築できないか』というアイデアも寄せられ、具現化するために調査検討を高校生と一緒に進めているところです」と榎原さんは語る。

　ワークショップの開催からほどなくして、地域魅力化クラブの高校生たちは、e-MTBと呼ばれる電動アシストマウンテンバイクに試乗する機会を得た。能勢町に本社を置く「株式会社冒険の森」が運営する野外アスレチック施設で使用されているe-MTBがあったため、同社の厚意で試乗会が実現している。実際に試乗した高校生

2 -14　高校生が電動自転車の試乗を行い、地域の交通システムを調査・検討している（出典＝能勢・豊能まちづくりホームページ[53]）

からは、「これだったらかなり通学時間が短くなりそう」との声が寄せられたという。今後は、購入した電動自転車を誰に、どのように使ってもらうかも含めて、地域魅力化クラブで検討していくという。こうした経験は、地域交通を切り口として、高校生に交通安全やまちづくりの価値を伝えていくことにもつながるはずだ。

　それでは、地域新電力事業から交通不便地域の解消にまで幅広く取り組む能勢・豊能まちづくりは、SDGs というグローバルな目標を意識しているのだろうか。

"SDGsの視点から見て、多面的な解決策を考える"

　榎原さんは、個別の課題を解決するだけでは、地域の持続性を確保することは難しいと感じているという。

53　能勢・豊能まちづくりホームページ https://nose-toyono.com/

「例えば、道路や防災、健康といったそれぞれの分野で課題解決に取り組んでいても、人口減少が急速に進んでいく状況下では、いずれ行政サービスも立ち行かなくなるという危機感を覚えます。電力も交通も、そして健康も複合的に解決する『一粒で何粒もおいしい』、いわば多面的な政策の形を考え直さないといけません。SDGsで言えば、1つの目標の達成に貢献する政策や事業が、ほかの目標の解決につながらないかという観点を常に持って課題を検討し、解決策を考えるようにしています」と榎原さんは教えてくれた。

　こうした一つの政策が様々な効果を生むという視点や、1人がいくつものプロジェクトを無理なく掛け持ちする「複業」を考えることは、これから新たなまちづくりを考える上でのヒントとなる。

　「豊能町には、地域ぐるみでイノベーションを起こし、社会課題を解決することを目的にした『トヨノノ応援会』というプラット

2-15　榎原さんは、SDGsを活用して多様な課題の同時解決を試みる

フォームが形成されています。地域住民のアイデアに専門家がアドバイスしたり、コーディネートの支援を行ったりするのですが、弊社も専門家から指導してもらいながら、この会に参加しています。ここでは、古民家再生など様々なプロジェクトに、異業種の人が連携しながら取り組んでいるのですが、ここまで多くの人が地域のことを考えて行動しているとは思いませんでした。まちの課題を住民が解決し、そのプロジェクトを地域の人が応援する…これがローカルSDGsの姿なのではないかと感じています」

　榎原さんは、能勢・豊能まちづくりのほかに、環境・エネルギー分野に特化したコンサルティング会社、株式会社E-konzal（以下、イー・コンザル）を2012年に京都で設立し、現在も代表取締役社長を務める。2016年に慶應義塾大学と連携して「SDGs達成に向けた日本への処方箋」の策定に携わるなど、SDGsに関する知見の蓄積があるのだ。

　「SDGsのコンセプトに触れて以来、気候危機や、持続不可能な地域コミュニティの姿に危機感を覚えて、能勢・豊能まちづくりという会社を興しました。つまり、SDGs的な観点が自分に備わっていなければ、そもそもこの会社は興していなかったのかもしれません。能勢町と豊能町という地域で、急速に人口が減少する状況を目の当たりにして、持続可能性を考えたからこそ、地域新電力を考えることにつながったのだと思います。SDGsの達成期限である2030年には、能勢町の地域内電力の50％を弊社の自然エネルギーで供給したいと思っています」と榎原さんは今後の展望を語ってくれた。

　ここまでSDGsを使いこなし、新たな事業まで立ち上げながら、地域の持続可能性を考える榎原さんは、SDGsをどのように捉え

ているのだろうか。

　「SDGs は、使い方によっては良いツールになるように思います。例えば、行政でも企業でも、組織の縦割りに苦しんでいる人たちには『SDGs を使って分野横断的に考えてみよう』という切り口をもたらすことで、組織の縦割りの弊害を解決できる可能性が生まれます。これからの時代は、分野横断的に課題を解決する必要があると、潜在的に考えている人は多くいるように思います。そこで、SDGs を媒体にして、同じ思いを持った人たちをつないでいくことも必要です。ほかにも、持続可能性という枠組みの中で実際に起きている課題をデータで示していくことで、地域の将来を真剣に考えるきっかけにもなるのではないかと思います」と榎原さんは語ってくれた。

　地域のエネルギーの在り方を考える企業が、地域の交通アクセスを向上させる。これは、複合的な課題を解決することが、地域の持続可能性を高めることにつながる、新たなモデルかもしれない。「能勢・豊能モデル」として国内に水平展開をすることで、さらに多くの地域に新たな選択肢を提供しようとする榎原さんの歩みは、これからも加速し続け、多くの地域や人々の持続可能性の向上に寄与するはずだ。

◆ **SDG 行動リストの該当箇所と更に強化できるポイント**

ターゲット	カテゴリー	サプライチェーン・プロセス	SDG 行動	具体的行動の例
11.2	労働・人権	物流	交通難民の解消	・過疎地域での持続可能な物流システムの構築（貨客混載） ・ラストワンマイルの解消（新たな交通システムの開発等）

　本事例は、SDG 行動リストの中で、「交通難民の解消」に該当する取り組みである。東京圏への人口の一極集中は、地方の人口減少、過疎化、少子高齢化と密接に関係している。中間地の自治体では、人口減少によって交通機関の利用者が減ったことで、公共交通機関が廃止され、生活が不便になるだけでなく、さらなる人口減少につながることも危惧されている。本事例では、能勢・豊能まちづくりによる電動アシストマウンテンバイクの導入検討という、新たな交通システムの一端を紹介した。今後は、貨客混載による過疎地域での持続可能な物流システムの構築など、一社だけではなく地域に関わる企業全体が協力した取り組みも加速させていくことが求められるだろう。

●目標 2　**飢餓をゼロに**

> 株式会社ビビッドガーデン
>
> # こだわりを価値に換えて、
> # 安全安心な食料や花を消費者に届ける

　スーパーマーケットの店頭に並ぶ野菜や果物。都市部で暮らす住民にとって、それは当たり前の光景だろう。しかし、株式会社ビビッドガーデン（以下、ビビッドガーデン）が展開するオンライン直売所「食べチョク」は、消費者が店頭に足を運んで商品を購入す

図表 2 -16　食べチョクのインターフェース（出典 = 食べチョクホームページ[54]）

54　食べチョクホームページ https://www.tabechoku.com/

る既存のビジネスモデルを転換し、生産者と消費者を直接結ぶことで、新たな可能性を切り拓こうとしている。

　食べチョクは、SDGs で言えば、目標 2「飢餓をゼロに」に付随するターゲット2.1「2030年までに、飢餓をなくし、すべての人々、特に貧困層や乳幼児を含む状況の変化の影響を受けやすい人々が、安全で栄養のある十分な食料を一年を通して得られるようにする」の実現に関連する取り組みであると言えるだろう。「企業のための SDG 行動リスト ver.1」でも SDG 行動として「安全・栄養に配慮した食料の生産」が挙げられている。例えば、新型コロナウイルスの感染拡大によって、第一次産業も大きな打撃を受けたことはよく知られている。農産物や水産物の卸先だった小売店が営業を自粛するなど、予定していた販路が失われ、商品の行き場もなくなってしまう。こうした状況下でも、生産者と直接つなげることで、消費者が安全で栄養のある食料を手に入れることを可能にしている点は、企業による SDGs への取り組みの好事例と言えるだろう。ほかにも、出品される商品が持続可能な生産方法によって生産されていることは目標12「つくる責任　つかう責任」、海洋生態系の影響と持続可能な管理にもとづく調達を通じて目標14「海の豊かさを守ろう」、登録農家が取り組む環境保全型農業や環境循環型農業の実施は目標 3「すべての人に健康と福祉を」や目標15「陸の豊かさも守ろう」につながるといったように、食べチョクが貢献するSDGs の範囲は幅広い。

　生産者と消費者に、こうした新たな価値を提供する食べチョクについて、ビビッドガーデン取締役の山下麻亜子さんにお話を伺った。

第1章

第2章

第3章

新進気鋭のベンチャー企業であるビビッドガーデンは、創業者の原体験から起業に至ったという。「弊社の代表取締役社長の秋元は神奈川県相模原市の農家に生まれました。しかし、母親から『農家は儲からないから継がないほうがいい』と告げられ、彼女が中学生の頃に実家は農業を辞めています。その理由の1つは、販路の選択肢の少なさにあるということに秋元が気づいたのが食べチョクの始まりになります」

農産物は、生産者から卸売市場をはじめいくつかの卸売業者を経て小売業者にわたり、消費者に届くという構造を前提に流通している。すると、複数の業者を介することで、生産者である農家の粗利は低くなってしまう。また、形や色などの規格が決められており、糖度を増すなど美味しさを高める工夫を凝らしたり、安全な農産物を届けようと農薬を減らして栽培したりしても、その「こだわり」

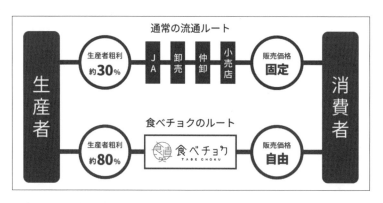

図表2-17　通常の流通ルートに存在する仲介業者を介さないことで、生産者の収益も向上する（出典＝ビビッドガーデンホームページ[55]）

55　ビビッドガーデンホームページ https://vivid-garden.co.jp/

による付加価値が価格に反映されにくい流通構造になっているのだ。こうした課題を解決すべく、「生産者のこだわりが正当に評価される世界へ」というビジョンを掲げて設立されたのが、ビビッドガーデンであり、産直通販サイトである食べチョクだ。

　食べチョクは農作物だけでなく、畜産物と水産物も取り扱っており、登録する生産者は2021年7月時点で5,000軒を超える。その大半は小規模・中規模生産者だという。なかには、既存の市場流通経路も利用しつつ、食べチョクを併用する生産者もおり、販路の選択の仕方は多様だ。実は、こうした産直通販サイトというビジネスモデル自体は、以前から存在していたモデルだという。しかしながら、登録農家を十分に集めることができなかったり、ユーザーとなる消費者が集まらなかったりして、なかなか成功に至らない点がビジネスモデルとしての1つのネックだったようだ。

　「生産者については、初期の頃は代表の秋元自らが一軒一軒の農家に足を運び、信頼関係を構築したことで、登録をしていただくことができました。彼女の熱意と信念が多くの生産者に直接届いたことが、本事業の成功の秘訣だったと言えます。また、ユーザーである消費者には、生産者の商品への思いを可視化して伝えることで、共感していただけているのではないかと感じています」と、山下さんは語る。

　実際に食べチョクの産直通販サイトを訪れると、生産者がどのような思いで商品を育てているか分かりやすく可視化されている。農薬節約栽培や有機栽培といった生産者のこだわりが明確化されているため、「店頭で実際に手に取ることができない」というオンラインのデメリットを感じずに、消費者は安心して商品を購入することができる。また、ホームページ上に消費者が直接コメントを残し、

生産者が返信するといった双方向のコミュニケーションも行われており、こうした機能が消費者に安心感を与える。もちろん、生産者のやりがいにもつながるはずだ。

　食べチョクが選ばれる理由はそれだけではない。そもそも、日本で農薬節約栽培や有機栽培を行う農家の総数には限りがある。その中で、これほどの数の生産者に、食べチョクが選ばれる理由は一体なんだろうか。

　「弊社のビジョンが生産者にしっかりと伝わっていることと、その実現に対する代表の秋元の信念にブレがないことが大きな要因だと考えています。その上で、ホームページの構成も、生産者一人ひとりのストーリーや想いが伝わりやすいように緻密に計算して作成しています。また、ここまで生産者の皆さんに使い続けてもらえるのは、単に想いを発するだけでなく、売上という実利的なインパクトに結びつけることができていることも重要な要因だと考えています。『食べチョクに出品すると売れる』という成功体験を得た生産者が増えているからこそ、ビジネスとして選ばれるのだと感じています」

　そのほかにも、生産者への支援体制は非常に手厚い。創業当初から、生産者の相談に乗ってサイトの運営を進めてきたが、2020年からは「食べチョク学校」と題した生産者同士のオンラインコミュニティを設けている。その中では、商品の写真撮影のテクニックや、接客の秘訣をテーマにした講座など、生産者の売上向上につながる内容を提供している。

　「『食べチョク学校』は、通常の実用的な学びの場にとどまら

ず、『放課後編』と題して、社長の秋元と著名な方との対談という形で、今後の第一次産業や食のあり方等を考えるウェビナーなども開催しています。参加者である生産者も、質問をチャットに書き込んだり、実際に発言したりする機会もあって好評です。こうした機会を提供したところ、参加者からは『生産者同士でつながることができる場があって嬉しい』という声や、『今後は、地域ごとのコミュニティをオンラインで作ってほしい』という声も寄せられています」と山下さんは教えてくれた。このように、「オンラインで商品を売り買いする場」にとどまらない工夫も、食べチョクが生産者に支持される理由だろう。

"持続可能な第一次産業の実現に貢献する"

　食べチョクでは、生産者に向けて「商品の取り扱い方針」を設けている。農作物であれば、「自然環境に配慮し、農薬や化学肥料の使用を節減または管理して栽培した商品のみを取り扱います」と掲げられている。こうした基準が設定されるまでにはどのような検討がなされたのだろうか。

　「この方針は創業後早い段階で導入しています。弊社のビジョンである『生産者のこだわりが正当に評価される世界へ』を実現するために、『こだわり』という抽象的な表現を『オーガニック』という第三者でもわかりやすい基準に読み替えてサービスをスタートした経緯があります。ただ、もちろんオーガニックだけが『こだわり』ではありません。農薬を使っていても味にこだわっている生産者は数多くいます。そのため、2020年5月からは『自然環境に配慮し、農薬や化学肥料の使用を節減または管理して栽培した商品』と、その基準を緩和しています。」

こうした基準は、SDGsのターゲット2.4で示された「2030年までに、持続可能な食料生産システムを確立し、レジリエントな農業を実践する。そのような農業は、生産性の向上や生産量の増大、生態系の維持につながり、気候変動や異常気象、干ばつ、洪水やその他の災害への適応能力を向上させ、着実に土地と土壌の質を改善する」の実現にも関連し、SDGsが目指す方向と軌を一にすると言えるだろう。もちろん、その進捗を測る指標「生産的で持続可能な農業の下に行われる農業地域の割合（2.4.1）」を高めることにもつながる。

　また、取り扱い方針を明確にすることで、ユーザーや生産者からの期待値を揃えることができる点は大きな利点だ。こうした基準があることで、「食べチョクに登録している生産者なら安全だ」という安心感を消費者にも提供できる。

　ほかにも、「水産物の取り扱い方針」では、「持続可能な漁業を行

2-18　農作物を収穫する現場に足を運ぶ山下さん

う生産者」の商品のみを取り扱うと明示されている。食べチョク
が、こうした持続可能性に配慮した基準を設ける背景にはSDGs
の存在も関係しているのだろうか。

　「確かにSDGsの影響はあります。これまでは、生産者の『こ
だわり』は、生産者自身や消費者にとっての個別のこだわりでし
た。しかし、SDGsが徐々に認知され始めたこともあり、生産者
も消費者も地球への環境負荷にまで『こだわり』を広げて考えはじ
めています。環境が持続可能でなければ、第一次産業自体の未来も
ないですよね。実際に食べチョクの利用者にインタビューを実施し
ても、SDGsが浸透していることを実感することがありますし、
最近では生産者も意識されているように思います」

　こうした環境負荷の低減のほかにも、SDGsが自社のビジネス
にもたらした変化があるのだろうか。

　「働き方を例にすれば、従来のやり方にとらわれず、スマート農
業のようにテクノロジーの力を借りることで生産性を向上させ、実
労働時間を削減することも、SDGsが掲げる目標の達成に関連す
るのではないでしょうか」と、山下さんは続ける。

"コロナ禍でも自社が提供できる価値を社会に届け続ける"

　山下さんは「コロナ禍で外出に制限があるなどの理由で、消費者
が食料をオンライン経由で購入することへの関心が高まり購買行動
が変わってきていると感じています。こうした状況下で、弊社が提
供できるサービスの価値を高めていきたいと考えています。弊社の
ビジネスモデルは、自分たちが在庫を持たないことで、在庫管理や
そのための人員管理が必要なく、急激な需要の変化に対応できる点
が強みだと捉えています。在庫を持たないからこそ、予測不可能な

社会の流れについていくことができますし、これを意識したビジネスモデルであるとも言えます。また、コロナ禍でこれまでの卸先がなくなった生産者も増加したため、弊社のサービスで少しでもお役に立ちたいと、全商品の送料の一部を食べチョクが負担する『生産者応援プログラム』や『巣ごもり応援プログラム』と題した支援策も講じるなど、弊社の強みを活かした支援も実施しています」と語る。

　SDGs が自社にもたらした影響について、「SDGs が注目される以前から、持続可能性に配慮して事業に取り組む生産者も、持続可能性に配慮した商品を望む消費者もいたと思います。しかし、10年前にはこうした『こだわり』を栽培・育成に生かして価値に換える手段や、そういった商品を買う機会や選択肢は多くありませんでした。しかし、SDGs が浸透してくることで、こうした『こだわり』への関心が高まり、生産者のその意識の実現方法も、消費者として

2-19　取締役兼事業開発・コーポレート責任者として自社の戦略を担う山下さん

の購入の選択肢も増えたことで、持続可能性を意識する人々の数も増えているように感じています。そういった方々も食べチョクを選んでくださっているように思います。」と山下さんは教えてくれた。

　SDGs に掲げられた「飢餓」という言葉を聞くと、少し自分とは切り離された印象を受けてしまいがちだが、ターゲットを見ると、私たちのすぐ近くに確実に存在していることがわかる。テクノロジーの利点を駆使しながら、一次産業の未来を変えることを目指すビビッドガーデンは、持続可能な社会の実現に大きな役割を果たすだろう。

◆ SDG 行動リストの該当箇所と更に強化できるポイント

ターゲット	カテゴリー	サプライチェーン・プロセス	SDG 行動	具体的行動の例
2.1	経営・管理	生産	安全・栄養に配慮した食料の生産	・有機農産物・無農薬栽培・オーガニック ・機能性表示食品や特定保健用食品の生産 ・ゲノム編集・遺伝子組み換え食物に関わる生産への配慮

　本事例は、SDG 行動リストの中で、主に「安全・栄養に配慮した食料の生産」に該当する取り組みである。ビビッドガーデンは、生産者と消費者を直接結ぶ新たな仕組みを構築したことで、持続可能な第一次産業の実現に向けた取り組みを進めている。その中で、小規模農家であっても、有機栽培や自然栽培、オーガニックといった生産者の「こだわり」を価格に反映しながら、消費者のもとに届けることができている。こうした取り組みを一層拡大することで、小規模生産者の経営を安定させることにもつながるだろう。さらに、SDGs の17の目標の観点のうち、目標 5 「ジェンダー平等を実現しよう」に向けて、女性の新規就農支援といった課題にも貢献することができるはずだ。

●目標17　パートナーシップで目標を達成しよう

ESRI ジャパン株式会社・国際航業株式会社

日本版のSDGsローカル指標を策定し、GISを用いて可視化する

　SDGs の達成に向けて、各国政府、企業、市民社会（NGO）をはじめ、すべてのステークホルダーの参画が求められているが、地方政府（自治体）も例外ではない。特に、基礎自治体である市区町村は、住民にとって最も身近な存在である。2000年代には、行政と住民がともに汗をかいて地域課題を解決する市民協働が多くの自治体で取り入れられ、市民協働事業や市民活動に対する補助金制度なども整備されている。同様に、近年は行政と企業による公民連携にも注目が集まっている。これまでの発注者（行政）と受注者（企業）といった構図ではなく、連携して地域課題を解決するアプローチは、SDGs の文脈でも有効な打ち手となるだろう。

　また、日本国内においては、地方創生の実現に向けて SDGs を活用しようという動きが見られる。政府が2019年12月に発表した第2期「まち・ひと・しごと創生総合戦略」で「SDGs を原動力とした地方創生の推進」が明確に打ち出されたこともあり、SDGs に対する自治体の関心を徐々に高まっている。また、同戦略の中で、2024年度までに「SDGs の達成に向けた取組を行っている都道府県及び市区町村」を210自治体まで増加させることを KPI（重要業績評価指標）に設定していることから、今後もますます重要性を増すだろう。

2018年度選定都市		2019年度選定都市		2020年度選定都市	
01 北海道	18 豊田市(愛知県)	01 陸前高田市(岩手県)	18 舞鶴市(京都府)	01 岩手町(岩手県)	18 湖南市(滋賀県)
02 札幌市(北海道)	19 志摩市(三重県)	02 郡山市(福島県)	19 生駒市(奈良県)	02 仙台市(宮城県)	19 亀岡市(京都府)
03 ニセコ町(北海道)	20 堺市(大阪府)	03 宇都宮市(栃木県)	20 三郷町(奈良県)	03 石巻市(宮城県)	20 大阪府・大阪市
04 下川町(北海道)	21 十津川村(奈良県)	04 みなかみ町(群馬県)	21 広陵町(奈良県)	04 鶴岡市(山形県)	21 豊中市(大阪府)
05 東松島市(宮城県)	22 岡山市(岡山県)	05 さいたま市(埼玉県)	22 和歌山市(和歌山県)	05 春日部市(埼玉県)	22 富田林市(大阪府)
06 仙北市(秋田県)	23 真庭市(岡山県)	06 日野市(東京都)	23 智頭町(鳥取県)	06 豊島区(東京都)	23 明石市(兵庫県)
07 飯豊町(山形県)	24 広島県	07 川崎市(神奈川県)	24 日南市(宮崎県)	07 相模原市(神奈川県)	24 倉敷市(岡山県)
08 つくば市(茨城県)	25 宇部市(山口県)	08 小田原市(神奈川県)	25 西粟倉村(岡山県)	08 金沢市(石川県)	25 東広島市(広島県)
09 神奈川県	26 上勝町(徳島県)	09 見附市(新潟県)	26 大牟田市(福岡県)	09 加賀市(石川県)	26 三豊市(香川県)
10 横浜市(神奈川県)	27 北九州市(福岡県)	10 富山県	27 福津市(福岡県)	10 能美市(石川県)	27 松山市(愛媛県)
11 鎌倉市(神奈川県)	28 壱岐市(長崎県)	11 南砺市(富山県)	28 熊本市(熊本県)	11 大町市(長野県)	28 土佐町(高知県)
12 富山市(富山県)	29 小国町(熊本県)	12 小松市(石川県)	29 大崎町(鹿児島県)	12 岐阜県	29 宗像市(福岡県)
13 珠洲市(石川県)		13 鯖江市(福井県)	30 徳之島町(鹿児島県)	13 富士市(静岡県)	30 対馬市(長崎県)
14 白山市(石川県)		14 愛知県	31 恩納村(沖縄県)	14 掛川市(静岡県)	31 水俣市(熊本県)
15 長野県		15 名古屋市(愛知県)		15 岡崎市(愛知県)	32 鹿児島市(鹿児島県)
16 静岡市(静岡県)		16 豊橋市(愛知県)		16 三重県	33 石垣市(沖縄県)
17 浜松市(静岡県)		17 滋賀県		17 いなべ市(三重県)	

※都道府県・市区町村コード順　凡例:着色は自治体SDGsモデル事業　　　　出典:内閣府ウェブサイトをもとに筆者作成

図表 2 -20　SDGs 未来都市、及び自治体 SDGs モデル事業に選定された自治体
　　　　の一覧（出典＝内閣府ホームページを参考に著者作成）

　こうした SDGs の自治体における推進で要となるのが、SDGs
未来都市と自治体 SDGs モデル事業に選定された自治体だ。内閣
府は、全国の自治体から SDGs の達成に向けた優れた取り組みを
提案した都市を「SDGs 未来都市」に選定している。そのうち、
特に先導的な取り組みを行う事業を「自治体 SDGs モデル事業」
として選定し、上限4,000万円（2019年度は上限3,000万円）の補助
金を交付している。同制度が始まった2018年以降、2020年までの 3
カ年で93都市（94自治体）が SDGs 未来都市に、30都市が自治体
SDGs モデル事業にそれぞれ選定されている（図表 2 -20）。

　本稿では、SDGs 未来都市に選定されている静岡県静岡市（2018
年度）と東京都日野市（2019年度）とともに、GIS（地理情報シス
テム）を用いた SDGs の指標化を進める ESRI ジャパン株式会社

（以下、ESRI ジャパン）と国際航業株式会社（以下、国際航業）
の取り組みについて、ご紹介したい。

"GISという強みを活かした官民連携の取り組み"

　GIS（地理情報システム）ソフトウェア国内大手の ESRI ジャパ
ンは、地理情報を通じて、防災、防犯、マーケティングなど様々な
分野の問題解決を支援している。気象情報を地図情報に落とし込ん
だ防災情報サービスや、新型コロナウイルスの感染状況の可視化な
ど、地理情報を活用した情報の分析に対する豊富なノウハウと知見
を有している。一方、空間情報と社会基盤整備に関する建設コンサ
ルタント企業である国際航業は、航空機やドローン等を用いた測量
に加え、道路や橋梁、トンネルの設計といったインフラ整備など幅
広い分野でまちづくりに貢献している。国際航業も ESRI ジャパン
と同じく地理空間情報技術を活用した解析技術に関するフロントラ
ンナーであり、両社は互いの強みを活かした SDGs の推進に取り
組んでいる。その１つが、SDGs ローカル指標の策定と GIS を活
用した可視化の検討である。

　SDGs は17の目標と169のターゲットから構成されており、その
進捗を232（重複を除く）の指標で計測するシンプルな仕組みで成
り立っている。しかし、193の国連加盟国が共通して取り組んでい
るがゆえに、開発途上国を対象とするターゲットや指標も設定され
ており、日本国内の文脈、特に自治体の所掌事務と馴染まないこと
が多い。こうした背景から、両社は自治体と協力し、自治体の状況
を反映した独自の SDGs ローカル指標を策定し、GIS を用いて進
捗を可視化しようと挑戦を続けている。

　ローカル指標といえば、内閣府に設置された自治体 SDGs 推進

評価・調査検討会において「自治体 SDGs 推進のためのローカル指標検討ワーキング・グループ」が発表した「地方創生 SDGs ローカル指標」を思い浮かべる読者も多いだろう。

「地方創生 SDGs ローカル指標」を用いることで、グローバルな内容を国内の文脈に読み替えた上で、省庁・自治体で公開されているデータをもとに自治体における SDGs の進捗を定量的に把握することができる。これを自治体が活用すれば、他の自治体との比較を行うことができるし、同一の自治体の経年変化を確認することもできる。一方で、各自治体の地域性を考慮した持続可能性を考える上では、「地方創生 SDGs ローカル指標」を補完する「サブ・ローカル指標」とでも呼ぶべき各自治体独自の指標を策定する必要もある。

そこで、ESRI ジャパンと国際航業の両社は、内閣府が主導する地方創生 SDGs 官民連携プラットフォームにおいて、2018年度から「日本版 SDGs の指標ならびに GIS を活用した可視化検討」分科会を立ち上げ、参加する15団体（2019年度）とともに自治体独自の指標の策定等について検討している。

今回は、これらの取り組みで中心的な役割を担う新事業開発グループ部長の鈴木秀人さん（ESRI ジャパン）、防災環境事業部フロント営業部長の坂本大さん（国際航業）にお話を伺った。

"日野市における地域課題の可視化"

ESRI ジャパンと国際航業は、神奈川県や静岡市、日野市といった自治体との官民連携を通じて、地域課題の定量的な把握をサポートしている。こうした定量的なデータを取得し、政策を検討する際に用いることができれば、EBPM（Evidence Based Policy

Making：証拠に基づく政策形成）の実現にもつなげることができる。

　日野市は、SDGs を軸に据えた総合計画の策定に取り組むなど積極的に SDGs の活用を図っており、2019年には東京都内で初めて「SDGs 未来都市」の選定を受けている。日野市は多摩地域南部に位置し、約186,000人（2020年11月現在）が暮らしている。市の北西部には工業団地があり、企業の研究施設等が集積するベッドタウンとして人口が集積し、発展してきた歴史がある。しかし、日野市にも「産業の構造転換」や「ベッドタウンの高齢化」、「ごみ処理問題」といった大きな課題がある。これらの課題は、これまで経済・社会・環境の各側面でバラバラに検討が進められてきたが、日野市は SDGs をきっかけに、市民・企業・行政の対話を通した生活・環境課題産業化で実現する生活価値（QOL）共創都市を目指

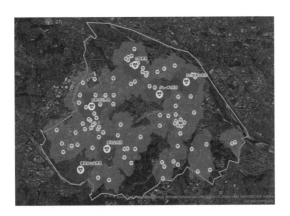

図表 2 -21　日野市における病院からの到達圏分析と可視化（出典 =ESRI ジャパンホームページ[56]）

56　ESRI ジャパン「 SDGs 東京都市の推進に向けた ArcGIS プラットフォームの活用・ArcGIS 自治体サイトライセンスを活用した 日本版 SDGs の指標の可視化」https://www.esrij.com/industries/case-studies/121867/

している。

　両社は、日野市の担当者と議論する中で、高齢化と防災という2つの課題に対してGISを活用し、市が保持する行政データをもとに、市民の健康福祉の状況を可視化することにした。こうした取り組みは、目標3「すべての人に健康と福祉を」と目標11「住み続けられるまちづくりを」に関わるテーマだ。

　はじめに、両社は市内高齢者を対象とした医療と交通のデータに着目した。例えば、高齢者の医療施設へのアクセスのしやすさを測るためには道路の起伏や、コミュニティバスを巡回させるための道路の幅員といったデータが必要だからだ。

　これらのデータをもとに、ESRIジャパンは、市の在宅療養支援課と連携し、地域医療体制の把握・検討を行う際には、救急病院、診療所の位置をArcGIS上にマッピングし、道路網に沿った到達圏分析を行う事で、医療機関が身近にない地域を把握し、地域課題の対応策等の検討資料としている。こうした分析を行うことで、正確な状況を福祉計画にも反映することが可能だ。

"静岡市における自治体SDGs指標の検討"

　日野市と同様に、静岡市においても両社はGISを用いたSDGsの可視化に取り組んでいる。慶應義塾大学SFC研究所と静岡市の共同研究に両社も参加し、市担当課を交えたワークショップによる検討を通じて、市が抱える地域課題を明らかにしながら、SDGsの達成を起点として、ターゲットの進捗を可視化する指標の検討を行った。その過程では、SDGsの指標一つひとつを単体として取り扱うだけでなく、複数の指標を重ね合わせることで、地域課題の解決に向けた政策の検討に役立てることができるという例も見られ

た。

　例えば、SDGsのターゲット3.c「開発途上国、特に後発開発途上国や小島嶼開発途上国で、保健財政や、保健人材の採用、能力開発、訓練、定着を大幅に拡大する」の進捗を測る指標3.c.1「医療従事者の密度と分布」は、先進国である日本でも活用できる重要なデータだ。この指標を用いて、まずは病院・診療所の半径300m圏内を示している（図表2-22左）。さらに、ターゲット11.2「2030年までに、弱い立場にある人々、女性、子ども、障害者、高齢者のニーズに特に配慮しながら、とりわけ公共交通機関の拡大によって交通の安全性を改善して、すべての人々が、安全で、手頃な価格の、使いやすく持続可能な輸送システムを利用できるようにする」に着目し、高齢者が公共交通機関を利用して医療機関にアクセスできるかといったデータと重ね合わせ、GISを用いて可視を試みている。

　その結果、電車・バスといった公共交通機関を利用しても、バス停等が自宅から300m以上離れていたり、最寄りのバス停等から病院まで300m以上離れていたりする地域が市内に存在することが明らかになった（図表2-22右）。

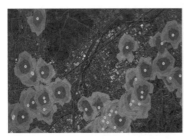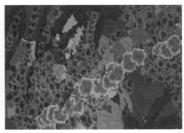

図表2-22　静岡市における医療機関へのアクセスの可視化事例
（出典＝ESRIジャパン）

こうした地域は、住民や自治体職員の経験則で一定程度把握していることがあるが、明確にデータで根拠を示すことで、政策形成の際に考慮することができる。静岡市では、こうした公共交通機関の空白地域をなくすために、ICT・AI 等の最新技術を取り入れ、誰もが利用しやすい新たな移動サービスを提供する「MaaS」を取り入れようと、静岡鉄道株式会社などと連携し、既に「AI タクシー」の導入に係る実証実験を実施しているが、改めて交通空白地域を明確に示すことができたことは市にとっても有効だろう。

"指標選定の難しさと公民連携での課題"

　ESRI ジャパンと国際航業ではデータを地図上に可視化するノウハウを活かし、自治体における SDGs の進捗を測る指標づくりに携わってきたが、課題もあるという。

　「進捗を図るためのデータは、定期的に測れるものであること

2-23　自治体におけるデータ取得の難しさと向き合う鈴木さん

や、細分化できる生活圏レベルの情報といった条件があります。そのため、詳細なデータを取得できていなかったり、データ自体が個人情報などの理由で公開ができなかったりする場合は、有効な指標を選定することはできません」と坂本さんは語る。

　また、自治体と協力して取り組む中で、大きく2つの困難があったという。その1つが指標の選定である。SDGs を軸とした総合計画を策定する際には、SDGs の進捗を測るための指標を新たに設定する必要があるが、これまでに総合計画で掲げてきた KPI の指標も存在するため、2つの基準が存在することになってしまう。折衷案で、両方の指標を考慮した結果、逆に曖昧なものになってしまう可能性も考えられる。

　もう1つが、民間企業と自治体のデータに対する向き合い方の違いだ。両社では行政が保有するデータをもとに指標を作成するため、指標の検討にあたっては、どのようなデータが実際に入手可能なのかという、データの入手可能性を検討することは重要である。しかし、現状として個人情報保護法などの規制もあり、行政のデータがすべて公開されている訳ではない。そのため、今後は、行政データのオープンデータ化をはじめ、課題を互いにコミュニケーションを取りながら、乗り越えることが求められるだろう。

"公民連携でSDGsを進めることによる企業の変化"

　それでは、公民連携による SDGs の推進に取り組むことで、企業として両社にどのような変化があったのだろうか。

　国際航業の坂本さんは「これまで事業部ごとに縦割りで担当していた業務が、SDGs という幅広い分野を包括する媒体が存在することで、組織に横串を刺し、部署の垣根を越える機運が高まりまし

2-24 SDGs に取り組むことで、自社の社員にも変化があったと語る国際航業の坂本さん

た。SDGs には、様々な要因が絡まり合っているインターリンケージという特徴があるからこそ、組織を挙げて分野横断的に取り組まざるを得ないとも言えます。また、若手社員は SDGs そのものに高い関心を潜在的に持っており、弊社が SDGs の達成に少しでも携わっているということを非常に前向きに感じ、これまでの常識に縛られない新たな挑戦をする意欲を持てるようになったと感じます」と教えてくれた。

　ESRI ジャパンの鈴木さんは、「これまで自治体においては都市計画や土木・建設、情報政策や税務部門などが GIS 活用の中心でしたが、SDGs をきっかけに、『地図を用いたわかりやすい可視化』という点で幅広い部署が関われるようになりましたし、公民連携の文脈でも、GIS を活用できる可能性、機会が広がったと感じています。また、国際航業と同様に若い社員の SDGs に対する関心は高く、この機を捉えて何かできることを創出してみようという機運

を感じます」と続ける。

　このように、SDGs が媒体となって、行政（公）と企業（民）を
つなげることで、企業の社員にも変化をもたらすことができる。多
様な課題を包括する SDGs の特徴も、実際に SDGs を活用する際
の大きな利点と言えるだろう。

◆ SDG 行動リストの該当箇所と更に強化できるポイント

ターゲット	カテゴリー	サプライ チェーン・ プロセス	SDG 行動	具体的行動の例
17.17	経営・管理	共通	市民社会や公的機関とのパートナーシップの構築	・社会課題解決に向けた企業協働事業の推進

　本事例は、SDG 行動リストの中で、「市民社会や公的機関との
パートナーシップの構築」に該当する取り組みである。地域課題に
対して、自治体と民間企業が連携して解決を試みる公民連携の好事
例と言えるだろう。そのほか、SDGs の観点から見れば、目標16
「平和と公正をすべての人に」を実現するためにも、「汚職や贈賄の
防止」といった SDG 行動も徹底していかなければならない。具体
的には、「リスクコントロールに向けた定期的な外部監査の導入」
などが挙げられるだろう。

● 目標 9 **産業と技術革新の基盤をつくろう**

ANA ホールディングス株式会社

SDGsを意識した、
環境に優しい航空輸送を目指して

　2020年10月、菅義偉首相は「2050年カーボンニュートラル、脱炭素社会の実現を目指す」と国会で表明した。日本政府の姿勢にグテーレス国連事務総長をはじめ、世界各国のリーダー達から好意的な声が寄せられている。同年11月には、衆議院本会議及び参議院本会議にて「気候非常事態宣言決議」が採択されている。その決議文において、「私たちは『もはや地球温暖化問題は気候変動の域を超えて気候危機の状況に立ち至っている』との認識を世界と共有する」[57]と明言され、国内産業もカーボンニュートラルに向けた取り組みを加速させつつある。脱炭素社会への大きな変革が求められる背景には、地球温暖化による直接的な環境の変化や、地球温暖化が要因として想定される大規模かつ甚大な自然災害の頻発がある。

　SDGs の文脈でも、気候危機への対応は目標13「気候変動に具体的な対策を」で掲げられているが、これだけではない。例えば、目標 9「産業と技術革新の基盤をつくろう」にも、そのエッセンスは含まれている。ターゲット9.4「2030年までに、インフラを改良し持続可能な産業につくり変える。そのために、すべての国々が自

57　参議院「気候非常事態宣言決議」https://www.sangiin.go.jp/japanese/
gianjoho/ketsugi/203/201120-1.html

国の能力に応じた取り組みを行いながら、資源利用効率の向上とクリーンで環境に配慮した技術・産業プロセスの導入を拡大する」が設定され、その進捗を測る指標は「付加価値の単位当たりの CO_2 排出量（指標9.4.1）」である。しかしこれは、国家を主体とした目標でもあり、企業としてどのように貢献できるか、その具体的な道筋が必要だろう。

　そこで、「企業のための SDG 行動リスト ver.1」では SDG 行動として「環境に配慮した配送」を一例として挙げている。その実現に向けては、「共同配送」や「モーダルシフト」、「EV、FCV や低公害車の導入」や「バイオジェット燃料」といった具体的な行動が例示されている。人やモノを運ぶロジスティックスは、航空機、鉄道、船舶、自動車などの運輸産業によって担われており、化石燃料の使用量削減や再生エネルギーへの転換といった気候危機への対応は、これらの業界にとって喫緊の課題である。

　今回は、長年にわたって空の公共交通機関の1つとして、人やモノの移動を支え続ける航空輸送を事業の中核とする ANA ホールディングス株式会社サステナビリティ推進部の西村一美さんと大橋弘廉さんにお話を伺った。

"航空会社として気候変動問題に対応する"

　ANA グループはグループ経営戦略策定等を行う ANA ホールディングス株式会社と連結子会社から構成され、グループ経営理念として「安心と信頼を基礎に、世界をつなぐ心の翼で夢にあふれる未来に貢献します」を掲げ、SDGs も含めた持続可能な未来に向けた取り組みを推進している。グループ社員一人ひとりが SDGs の17の目標を「自分ごと」として捉えることで、世界に目を向ける

きっかけにしようと、SDGs セミナーや社内媒体を通じた啓発活動を積極的に行っており、SDGs に対する社員の認知度は高いという。また、2019年9月に国連本部で開催された国連気候変動サミット（SDGs サミット）」に合わせ、グループの客室乗務員、成田・羽田空港の空港係員とラウンジ係員が SDGs バッジを着用するなど、社外への周知にも努めている。

　グループ事業の中核を担う全日本空輸株式会社（以下、ANA）は1952年に2機のヘリコプターから始まった。今や日本国内のみならず、日本と世界を結ぶ航空会社として、私たちの生活を支えている。英国に本拠を置く航空業界の格付け会社 Skytrax 社により、世界最高評価の「5スター」の認定を8年連続で取得するなど、世界でも指折りの航空会社として知られている。

　本稿のテーマである「環境に配慮した配送」の文脈では、ANA は航空機の運航で発生する CO_2 総排出量を2050年度までに実質ゼロにすることを目標に掲げ、CO_2 排出量の削減の取り組みを進めている。その中でも持続可能な燃料（Sustainable Aviation Fuel：SAF）を導入には力を入れており、2019年10月には、米国に本拠を置く Lanza Tech 社が製造した排ガスを原料とする SAF を使用し、三井物産と共同で米国ワシントン州のエバレットから羽田へのデリバリーフライトを実施している。

　また、2020年10月には、フィンランドに本拠を置く世界有数のSAF 製造企業である NESTE 社と ANA は商業規模の SAF の調達にかかわる覚書を締結し、日本の航空会社として初めて、日本発の定期便で SAF を使用している。NESTE 社の SAF は、原材料の収集から製造、輸送、使用に至るライフサイクルにおいて、既存のジェット燃料使用時に比べ約90％の CO_2 削減効果が証明されてい

図表 2 -25　SAF の購入から給油までのサイクル（出典 =ANA ホームページ[58]）

　るという。2023年以降に NESTE 社シンガポール製油所で生産される SAF を調達し、日本発の定期便で使用する計画だ。

　それでは、ANA はどのような背景から、SAF のような環境配慮型燃料の導入を検討したのだろうか。

　「背景には気候変動に対する国際的な動きがあります。2015年のパリ協定採択を契機に気候変動への注目が高まっていますが、これに先駆けて、航空分野では様々な動きが見られます」と大橋さん。

　例えば、国際民間航空機関（International Civil Aviation Organization：ICAO）では、CO_2削減に向けた『CNG2020（Carbon Neutral Growth 2020）』と呼ばれる取り決めを2010年に策定している。その達成に向けて、ICAO は、①新技術の導入（新

58　ANA ホームページ「排ガスが燃料に？！〜 ANA グループの環境への取り組み〜」https://www.anahd.co.jp/ana_news/archives/2020/02/27/20200227-1.html

型機材等）、②オペレーション上の改善、③持続可能な燃料（SAF）の導入、④排出権取引制度の活用から成る目標達成の 4 つの手段（Basket of Measures）を提唱しており、ANA が SAF を導入したのもこうした動きの影響が大きいという。2016年に開催された ICAO の総会では、2021年以降は CO_2 排出量の増加を伴わない国際航空の成長スキーム『Carbon Offsetting and Reduction Scheme for International Aviation（CORSIA）』を採択している。

また、国際航空運送協会（International Air Transport Association：IATA）が、ICAO の取り組みに対応すべく、「2020年カーボン負荷ゼロの成長」、「2009年から2020年まで、燃費効率年1.5％ の向上」、「2050年までに2005年 CO_2 排出量対比50％」という 3 つの行動計画を策定するなど、国際的な潮流が脱炭素社会の実現に向かっていることが分かる。このような国際的な潮流とも歩調を合わせながら、ANA は前述の SAF の導入だけでなく、様々な取り組みを実施している。

"環境に配慮した配・輸送を実現するために"

ANA はこれまでも2012年に中期環境計画「ANA FLY ECO 2020」を策定し、積極的に CO_2 排出量の削減に取り組んできた。同時に、2015年のパリ協定採択や若者を中心とした気候危機への意識変化、そして SDGs の広がりなど、航空業界を取り巻く状況も当時と比べて変化していることも実感しており、2021年度には、2050年までにカーボンニュートラルを実現する長期環境目標とその道筋となる2030年中期環境目標を策定した。

前述の SAF 導入のほかに、2003年から「Efficient Flight

Program（EFP）推進プロジェクト」と銘打ち、運航乗務員や各部門のスタッフが互いの経験を共有しながら、効率的な運航方式の実現に努めている。例えば、飛行機は着陸時にエンジンの逆噴射をして減速するが、安全に十分配慮しながら逆噴射の量を調整して弱めることで、燃料の削減につなげる「リバースアイドル」や、着陸後に天候や周辺状況の安全が確保された場合は、片方のエンジンを止めて地上走行する「ワンエンジンタクシー」が行われている。

　「オペレーション上の改善例はほかにもあります。飛行機の運航時には、燃料効率の良い高度で飛行し、着陸時も燃料効率の良い降下や滑走路への侵入を意識する『省エネ降下方式』を実施しています。また、航空機のエンジン内部の水洗浄も定期的に行っています。圧縮機部分に付着した、すす・ほこりを定期的に水洗除去し、エンジンの性能を向上させることで、約 1 ％の CO_2 排出削減効果があると確認されています。日々のオペレーションで、可能な限り

2-26　SAF の拡大には社外とのパートナーシップも大切だと話す大橋さん

の工夫を丁寧に積み重ねています」と西村さんは語る。

　航空機の運航以外でも CO_2 排出量の削減に取り組んでいる。
2021年で6回目を迎えた「ANA グループ省エネ大賞」では国内の
ANA グループ全事業所を対象に、エネルギー使用量削減や CO_2 排
出量削減に努めた事案を募集し、表彰している。

　2020年度の取り組みで今回「省エネ大賞」を受賞したのは、
ANA グループの総合訓練施設である「ANA Blue Base」の業務
推進室である。ANA Blue Base はもともと太陽光発電、LED 照
明器具、高断熱・高気密ペアガラス、屋上緑化、自然換気、高効率
熱源機器などを導入したグリーンビルディング（環境に配慮した建
物）であり、省エネ効率は高い。その中でも「自分たちに出来るこ
と」としてさらに「熱源機の運用見直し」「施設内照明の間引き・
消灯」などに取り組み、6か月間で5.1%のエネルギー使用量削減
を達成した。このように地道な削減努力を全社的に積み上げなが
ら、優良事例の水平展開も行っている。

　様々な取り組みを進めている一方で、コストとのトレードオフな
ど、乗り越えるべき課題もあるという。

　「環境問題への注目が高まり、CO_2 削減に向けた社内各部門への
働きかけや、納入された航空機のメンテナンス、燃費改善などに取
り組む中で、抜本的に状況を改善するために SAF 導入の必然性が
高まっています。しかし、SAF はいまだに世界的に生産量も少な
く、需要の規模に耐えられるだけの供給体制がないため、価格が高
止まりしています。こうした状況を改善するためには、国産 SAF
製造・開発の支援関係各所とともに国や政府に働きかけたり、なる
べく多くの供給事業者と連携していくことが必要だと考えていま
す。SDGs にあるパートナーシップの考え方が重要ですね」と大

橋さんは教えてくれた。

"ESG経営を通じて、SDGsに貢献する"

　それでは、ANA はなぜ SDGs を推進し、どのような点にその意義を感じているのだろうか。

　「SDGs に貢献する前提として、弊社は ESG 経営を推進しています。航空輸送は公共性が高い事業であるため、社会の一員として事業を通じた社会課題の解決を目指しています。こうした我々の事業と SDGs が内包する持続可能な開発という概念が一致しているように思います。2020年はコロナ禍における業績への影響がありますが、ANA は事業を通じて、ステークホルダー全体の持続可能性という価値に向かって進んでいきたいと考えています」と西村さんは前を向く。

　同社は ESG 経営戦略に盛り込んでおり、事業部門にも目標を理

2 -27　SDGs が社内コミュニケーションを活性化させると話す西村さん

解して取り組んでもらうため、グループのESG経営推進に係る重要方針等を「グループESG経営推進会議」という会議体の中で議論を重ねている。社長が総括する同会議で議論、決議された事項は、ESGプロモーションオフィサー（EPO）と呼ばれるグループ会社役員級のESG責任者と、ESGプロモーションリーダー（EPL）と呼ばれる現場の牽引役を通じて社内に浸透させ、各組織でESG経営にかかわる活動を推進している。

　こうしたESG経営との関連も含めて、SDGsに取り組んだことによって得られた非財務的な価値についても伺った。

　「ESG経営を推進し、事業を通じてSDGsの貢献に取り組むことで、企業価値も向上していると考えています。実際に、世界的な投資指標として採用されている『Dow Jones Sustainability World Index』や『FTSE 4 Good Index Series』、『MSCI日本株女性活躍指数（WIN)』等に組み入れられるなど、弊社の取り組みが、外部の格付け機関等からの高い評価につながっていると感じます。ほかにも、航空機の運航だけでなく、様々な場面でステークホルダーからの声に耳を傾ける中で、持続可能性という切り口からイノベーションをもたらしてくれるツールとしてSDGsを活用すれば、新たなサービスを展開するヒントが出てくることも期待されます」と大橋さんは教えてくれた。

　ANAは、SDGsに対する社員の理解が重要だと考え、社内での浸透についてSDGs理解に向けたセミナーも開催している。2020年からはコロナ禍によるリモートでの開催となったこともあり、1回で100名を超える社員が参加するなど、オンラインによるアクセスの高まりも実感したという。また、こうしたセミナーをきっかけに、自分の業務を通じて何ができるかを考える機会にしてもらい

「SDGsの自分ごと化」を社員に伝えているという。セミナーを受講した社員からは「日々の業務をルーティンとして捉えていたが、SDGsという世界共通の目標につながっていることを知り、モチベーションにつながった」との声も聞こえているそうだ。さらに、受講者から部内にも広めていきたいという声もあり、社内推進役養成のプログラムも開催している。

　最後に、事業を通じてSDGsを推進することを検討している企業へのメッセージをお願いすると、「SDGsを通じて社会との関係がより密接になるだけではなく、社会の一員としてSDGs達成に取り組むことで、将来にわたって『選ばれる』企業になっていくのではないかと思います。また、SDGsは社内コミュニケーションを活性化させたり、社員のモチベーションを向上させたりすることにもつながると感じています。さらに、フードロス削減や資源の有効活用、省エネなどSDGsの取り組みが結果として企業にとってコスト削減につながる取り組みになることもあるはずです。各社の事業や強みを活かしながら、持続可能な社会の実現をともに目指していければと思います」と西村さんは力強い言葉をくださった。

　最新鋭の省燃費機材の導入に加え、SAFの導入など技術革新の力を使ってCO_2の削減にも取り組むANAは、航空業界のリーディングエアライングループとして、今後もその取り組みを加速させていくはずだ。

◆ SDG 行動リストの該当箇所と更に強化できるポイント

ターゲット	カテゴリー	サプライチェーン・プロセス	SDG 行動	具体的行動の例
9.4	環境マネジメント	物流	環境に配慮した配送	・共同配送 ・モーダルシフト ・EV、FCV や低公害車の導入 ・バイオジェット燃料

　本事例は、SDG 行動リストの中で、「環境に配慮した配送」に該当する取り組みである。ANA では、行動リストで示されている具体的な行動のバイオジェット燃料の導入を行っているだけでなく、効率的な運航方式の実現にも取り組んでいる。こうした日々の積み重ねが、環境負荷の軽減につながる。こうした取り組みの知見を共有することで、SDG 行動リストのうち、ターゲット13.3「気候変動緩和策と適応策、影響の軽減、早期警戒に関する教育、啓発、人的能力、組織対応能力を改善する。」に貢献することができるだろう。

コラム 1　SDGs をツールに企業の未来をつくる

　私たちが目にする SDGs のカラフルなアイコン。その日本語化は、広告業界大手の株式会社博報堂（以下、博報堂）が国連機関と共同で日本語化したことをご存知だろうか。博報堂の CSR グループ推進担当部長として、この日本語版 SDGs アイコンの作成プロジェクトに関わった川廷昌弘さんは、神奈川県顧問をはじめ自治体でのアドバイザーとしても活躍するほか、全国各地で SDGs を伝える講演活動も行っている。最近では、著書『未来をつくる道具　わたしたちの SDGs』（ナツメ社）を上梓するなど、その活動の幅は広がり続けている。

2-28　企業人としての顔を持つだけでなく、自治体や研究機関のアドバイザーとしても活躍する川廷さん

　SDGs の認知度は、大企業に限らず、中小企業においても上昇しているが、実際に SDGs を導入しようとするとなると、はじめの一歩をどのように踏み出せば良いか悩む担当者も多いはずだ。今回は、多方面で活躍する SDGs の第一人者である川廷さんに、3 つの質問に答えてもらった。

①企業が SDGs に取り組む必要があるとすれば、どのような理由が考えられますか？

　2020年に発生した新型コロナウイルスの世界的な感染拡大に直面したことで、私たちは「持続可能性」が絵空事ではなく、現実に向き合うべき課題であることをあらためて痛感しました。コロナ禍においては、中小企業の倒産件数も増加し、今までのビジネスの在り方に疑問を持つ経営者の方々も増えてきました。企業の規模に関わらず、未曾有の状況下でも、安定的に収益を得られる自社のビジネスを模索し、長期的なレジリエンスを考えはじめている企業もあります。

　これからは、すべての企業で働く従業員が自分の担当する事業を通じて、自社と業界の持続可能性を真剣に考えていく必要があると言えるのではないでしょうか。

② SDGs が経営層だけでなく、従業員にも浸透していくために、どのようなことが必要なのでしょうか？

自社を持続可能にしていくために、経営層は確かに変化を望んでいますし、若い世代は社会課題の解決に関心があります。しかし、経営層と若手社員の間にいる中間管理職が苦しい立場にいて、なかなか前に踏み出せないでいる印象があります。中間管理職も、SDGs が掲げる変革を実現するような事業に取り組みたいという気持ちはあるはずですが、SDGs に関する取り組みを提案する部下の熱意を汲み取ることが会社の利益に直結したり、人事評価につながったりするのかどうか、はっきりとした確信が持てないでいるケースがほとんどなのではないでしょうか。そうなると、彼らのSDGs に対する意欲や、エネルギーも徐々に薄れてしまいます。

　会社全体として考えれば、SDGs に取り組んでいることが外部評価にもつながることは確実なのですから、まずは組織内で SDGs を推進する中間管理職の評価方法を見直すことをご提案したいと思います。

③これから SDGs の導入を検討している企業人に向けてメッセージをお願いします。

　従業員の中には「SDGs に取り組む必要性を感じているが、会社の一つの歯車のような状態で、自分だけでは動けない」と思っている人もいるかもしれませんが、そうであるならば「意思を持って動く歯車になるのはどうだろう」と思います。人の指示で回されている歯車ではなく、自分の意思を持ち、回転速度を上げる時は、グッと踏ん張る必要がありますが、回り始めればみんなの力でその速度

で回転し続けることができます。SDGs は従業員ひとりひとりが主体的に考えることで、初めて「未来をつくる道具」になります。SDGs に書かれている文言は掲げただけのスローガンではなく、グローバルな目標を自分たちの状況に即したものに読み替えながら進めていくものなのです。

　個々の企業文化や企業用語で語られる SDGs を用いることで、従業員の視野が広がり、沢山の気づきを得て、既存の事業の新たな価値付けや新規事業の創出へとつながっていく土壌がつくられていくのだと思います。こうした従業員一人ひとりの変化が積み重なることで、企業価値と持続可能性が高まっていくと信じています。

川廷 昌弘 Kawatei Masahiro

株式会社博報堂ＤＹホールディングス
株式会社博報堂 CSR グループ推進担当部長
1963年兵庫県芦屋市生まれ。1986年株式会社博報堂入社。1998年にテレビ番組「情熱大陸」の立ち上げに関わる。2005年に始まった地球温暖化防止国民運動「チーム・マイナス６％」でメディアコンテンツを統括。現在は博報堂 DY ホールディングスグループ広報・IR 室 CSR グループ推進担当部長として SDGs を推進。神奈川県非常勤顧問（SDGs 推進担当）、茅ヶ崎市、鎌倉市、小田原市の SDGs 推進アドバイザー、グローバル・コンパクト・ネットワークジャパン（GCNJ）の SDGs タスクフォース・リーダー、慶應義塾大学 SFC 研究所 xSDG・ラボのアドバイザーなど委嘱多数。公益社団法人日本写真家協会会員の写真家でもあり、写真集を出版している。

●目標12　つくる責任　つかう責任

楽天グループ株式会社

サステナブルな買い物ができる
インターネット・ショッピングモール

　20世紀から続く大量生産・大量消費・大量廃棄は、私たちの生活に利便性を提供し、物質的な豊かさをもたらしているかもしない。一方で、資源の枯渇や開発途上国での貧困や飢餓の発生といった負の側面が指摘され、SDGsが掲げる17の目標においても、重要な課題として目標12「つくる責任 つかう責任」が設定されている。

　この目標の達成に向けて、消費者は購入した商品を何度もリユースしたり、自治体の資源回収等を通じて、責任を持った廃棄を行うことでリサイクルに協力したりと、様々な行動をとることが考えられる。こうした様々な行動の中で、日常生活に欠かせない「買い物」にも重要な役割がある。私たち消費者が、どういった商品を購入すればサステナブルな未来につながるのかを検討し、買い物をすることは、商品を廃棄する段階で考えるよりも効果的な行動だろう。

　そこで、「企業のためのSDG行動リストver.1」でもSDG行動として「サステナブルな商品紹介や販売方法の採用」を挙げている。この行動を具現化したものが、今回紹介する「EARTH MALL with Rakuten（以下、アースモール）」である。

"アースモールで、楽しくサステナブルな買い物の文化をつくる"

アースモールとは、楽天グループ株式会社（以下、楽天）が、
「サステナブルな買い物をあたりまえに」というコンセプトのも
と、環境や社会に配慮した商品を購入できる EC サイト（電子商取
引を行うホームページ）である。もともと、楽天は約 3 億点の商品
を扱う日本最大級のインターネット・ショッピングモール「楽天市
場」を運営しており、アースモールはその中から環境・社会・経済
の持続的な成長に配慮した商品を陳列したセレクトショップのよう
な存在だ。

アースモールは、単に商品を購入するだけでなく、取材に基づい
た記事の掲載なども行い、つくり手の想いや商品の背景にある物語
に触れられる場を提供したりすることを通じて、つくる人、売る
人、買う人のつながりを生み出すことを目指している。消費者一人
ひとりの行動を変えることで、顧客のニーズに対応するために生産

図表 2-29　アースモールの公式ホームページ
（出典 = アースモールホームページ）

の現場が変わり、ひいてはサステナブルな社会が実現することを考えて作られているのだ。

その一例として、認証商品の販売を挙げることができる。認証商品とは、第三者機関によって、商品が持つ価値を一定の基準のもとで客観的に保証されている商品を指し、私たちの身近にも存在している。例えば、コンビニエンス・ストアで紙パック飲料を手に取ると、「FSC 認証」と書かれたマークを見つけることができるだろう。FSC 認証とは、FSC®（Forest Stewardship Council®：森林管理協議会）が運営する国際的な制度で、適切な森林管理が行われていること、及び森林管理の認証を受けた森林からの木材・木材製品であることを認証している[59]。

アースモールでは、2020年11月時点で、FSC 認証のほかに、MSC 認証、ASC 認証、RSPO 認証、国際フェアトレード認証、レインフォレスト・アライアンス認証、GOTS 認証、有機 JAS 認証といった8種類の認証を受けた商品を中心に展開している（図表2-30）。アースモールのホームページ上で、消費者は各認証制度の説明といった情報提供を受けながら、認証ごとに商品を選択し、購入することができる。もちろん、お酒やスイーツをはじめとした「食品・飲料」、バッグ・雑貨のような「ファッション」、キッチン用品などの「暮らし」といった商品のカテゴリごとに検索して、環境・社会・経済の持続的な成長に配慮した商品を選択することも可能だ。

今回は、こうしたアースモールのプロジェクトを推進するサステ

59　環境省ホームページ
　　https://www.env.go.jp/policy/hozen/green/ecolabel/a04_14.html

認証の種類	認証の概要
FSC（森林経営）認証	林業関係者、木／紙製品を製造・販売する企業、消費者が一緒になって森林を守る仕組み
MSC 認証	水産資源や海洋環境を守って獲られた水産物に付けられる認証ラベル
ASC（水産養殖管理協議会）認証	責任ある養殖によって生産された水産資源であることの証明となる認証
RSPO（持続可能なパーム油のための円卓会議）認証	持続的なパーム油（CSPO：Certified Sustainable Palm Oil）を生産するために企業が遵守すべき環境・社会的要件の適切な適用を行っていることを証明する認証
国際フェアトレード認証	製品の原料が生産され、輸出入、加工、製造されるまでの間に、1. 適正価格の保証、2. プレミアム（奨励金）の支払い、3. 長期的な取引、4. 児童労働の禁止、5. 環境に優しい生産などの国際フェアトレードラベル機構が定めた基準が守られている製品であることを示す認証
レインフォレスト・アライアンス認証	農業生産者、農産品を製造・加工・販売する企業、消費者が一緒になって持続可能な農業を守る仕組み
GOTS（オーガニックテキスタイル世界基準）認証	原料がオーガニックなだけではなく、製品が使う人に届くまで、製造〜加工〜梱包〜ロゴの使用〜輸出入〜流通〜保管の全工程で、環境的・社会的に配慮した方法で製品をつくるための厳しい基準をクリアした証明
有機 JAS 認証	農薬や化学肥料などの化学物質に頼らないで、自然界の力で生産された食品

2020年11月時点

図表 2 –30　アースモールで紹介されている認証の種類とその概要
（出典 = アースモールホームページをもとに著者作成）

ナビリティ部の眞々部貴之さん（サステナビリティ部 シニアマ
ネージャー）と上野友加さん（サステナビリティ部 サステナブル
ビジネスグループ ヴァイスマネージャー）に、その取り組みにつ
いてお話を伺った。

"アースモールの目指す姿"

　アースモールでは、前述の ASC や MSC といった認証を取得し
た商品を数多く扱っており、その商品数はオープン当初の約７千
点[60]から、2020年10月時点で約４万２千点に増加しているという。
しかし、「認証商品」のようなサステナブルな商品を紹介するだけ
ではなく、その商品が、どこで、どのように作られたのかを明らか
にすることで消費者の買い物の意識に変革をもたらそうとしてい
る。例えば、どんなに安価で高性能な商品であっても、開発途上国
の児童労働で作られた商品であれば、それは持続可能な未来につな
がると言えるだろうか。「サステナブルな商品かどうかということ
より、消費者一人ひとりが自分の買い物を見つめ、本当に必要なも
のなのかどうか考えることが重要だと考えています」と眞々部さ
ん。

　持続可能な未来につながる商品を選択するためには、10年や20年
という長期的な時間軸で商品がもたらす影響を考える必要がある、
しかし、私たち消費者が、長期な視点を持って買い物をしているか
というと、そうは言い切れないだろう。

　眞々部さんは、「例えば、飲食店でうなぎを食べているときに、

60　日経 XTREND「楽天 SDGs 専門モールが急成長、独自記事で利用者の啓
　　発も推進」https://xtrend.nikkei.com/atcl/contents/18/00317/00005/

2 -31　眞々部さんは立ち上げ時からアースモールに関わる

うなぎの資源量や将来世代のことを考えて食べている人は少ないですよね。でも、ESG 投資を牽引する投資家の人たちと話すと、彼らは仕事柄そうした長期的な視点を持つことができていて『未来に生きている人たちだ』と感じることがあります。消費者にも、日常生活で消費する食品や衣類、そのほかの商品が、どこでどのように生産され、最終的にどこでどのように処分されるのかを想像して買い物をしてもらうことが大事だと思います。そのために、私たちは顧客の皆さまにサステナブルな商品という観点を提供して、一緒に考えてほしいと思っています」と続ける。

　アースモールが扱う商品の中には、サステナブルであることはもちろん、さらに地方創生にもつながる商品も現れている。例えば、宮城県南三陸町にて日本初の ASC 認証を得た牡蠣の養殖品はアースモールで購入できる。このように、サステナブルであることを基礎としながらも新たな価値を付け加えるなど、その取り組みは加速

するばかりだ。

それでは、こうした着実な前進を続けるアースモールは、どのような経緯で誕生したのだろうか。

もともとアースモールは、本書の著者である慶應義塾大学の蟹江憲史が代表を務め、SDGsを実現する未来へのアクションを創りだす有識者のプラットフォームである『OPEN 2030 PROJECT』から生まれ、株式会社博報堂が社会実装を担っているプログラムを指す。アドバイザーでもある蟹江や博報堂の面々とともに、眞々部さんはアースモールの立ち上げに関わり、2018年11月にアースモールはグランドオープンを迎えた。

しかし、眞々部さんは、アースモールの立ち上げを振り返り、最も大きな困難は社内からの理解を得ることだったと語る。

「2015年からアースモールに似た構想があったものの、弊社の社内でもプロジェクトを立ち上げるにあたって、収益面での持続可能性を明確に示す必要があったため、すぐには実現できませんでした」。

特にビジネスの分野において、SDGsのように2030年の世界といった長期的な展望を考えることに対して困難があったと眞々部さんは続ける。

「長期的に見れば、サステナブルな商品の波が来ることが分かっていたとしても、すぐに収益には結びつかないこともあり、優先順位は低くなりがちです。さらには、トップコミットメントがなければ現場の人は動けないといった障壁も感じました」。

それでは、こうした障壁（ボトルネック）をどのように乗り越え

たのだろうか。眞々部さんは、「困難な状況を打開できたのは、や
はり外部の権威ある方々からのご支援があったことが大きいです。
アースモールの構想を社外の人に伝えることで、その価値を正当に
評価してもらうことで、ブランド面での貢献など、財務以外のリ
ターンが少しずつ理解されていきました。こうしたことが続くうち
に社内でも話題となり、アースモールをオープンすることができま
した」と語る。

"店舗とのコミュニケーションを深める"

　無事にグランドオープンを迎えてからは、着実な成長を続けるよ
うに映るアースモールだが、実際には何か困難なことはなかったの
だろうか。

　上野さんは「アースモールに掲載する商品数を増やしていきたい
と考えていますが、認証商品に絞ってしまうと、その数にも限りが

2-32　アースモールの商品基準について話す上野さん

あるので、簡単には増やせないというジレンマがあります。認証商品に限らず、SDGs などの分野で第一人者として活躍する末吉里花さん（一般社団法人エシカル協会 代表理事）や山崎亮さん（株式会社 studio-L 代表、コミュニティデザイナー）、森摂さん（株式会社オルタナ 代表取締役社長・「オルタナ」編集長）に、商品のキュレーターとしてご協力をいただいてきましたが、掲載数を大幅に増やすためには、新たな工夫が必要だと考えています」と話す。

眞々部さんは「サステナブルな商品とは何か考えたときに Convincing（説得力）、Problem Solving（問題解決）、Interesting（面白さ）の３つの性質が鍵になります。例えば Convincing と Problem Solving が揃っていることが認証商品の特徴です。認証商品は、一体誰に対して効果があるのか、商品を購入する人には明確にわからないので、消費者から見れば Interesting に欠けてしまいます。つまり、どんなにサステナブルなものであったとしても、その背景説明がないと商品の面白さが伝わらず、消費者が購入しなくなってしまいます」と語る。

そこで、店舗と積極的にコミュニケーションをとることで、この問題を解決しようとしている。「アースモールではサステナブルな商品だけを扱うことで、消費者にその価値を伝えてきました。アースモールがオープンしてから約２年が経過した今、実際に店舗様とのオンライン形式で合同合宿を開催するなど、出店者様を巻き込んだ取り組みを加速させ、サステナブルな商品に対する考えを深める機会を提供しようとしています。この合宿では、架空の商品について、その商品がサステナブルなのかどうか一緒に議論していくことで、自分たちの商品に生かしてもらうことをねらいにしています」と眞々部さんは教えてくれた。

　楽天は、現状に満足することなく、積極的な取り組みを通じて、これまで一部の人が購入していたサステナブルな商品を、消費者のメインストリームに持って来ようとしている。アースモールのような生産者と消費者をつなぐ媒体が変化することで、SDGs が目指す「持続可能な消費と生産」の実現に大きな役割を果たすだろう。

◆ SDG 行動リストの該当箇所と更に強化できるポイント

ターゲット	カテゴリー	サプライチェーン・プロセス	SDG 行動	具体的行動の例
12全般	環境マネジメント	販売	サステナブルな商品陳列や販売方法の採用	・包装を減らした商品の陳列 ・サステナブル認証付きの商品の陳列 ・地産地消商品の販売 ・生産者情報の表示

　本事例は、SDG 行動リストの中で、「サステナブルな商品陳列や販売方法の採用」に該当する取り組みである。アースモールでは、サステナブル認証付きの商品の陳列をオンライン上の EC サイトで実現することで、場所にとらわれない新たな可能性を示し、実現している取り組みだ。一方で、EC サイトであるがゆえに、配送時の包装をどのように減らしていくか、製品を安心安全に届けるという目的とのバランスを取りながら、実現していくことも必要だろう。こうした観点は、経済、社会、環境という幅広い側面をカバーする SDGs だからこそもたらされると言える。

●**目標12 つくる責任 つかう責任**

株式会社良品計画

無駄をなくして、
「感じ良いくらしと社会」を実現する

　私たちが日々何気なく捨てる「ごみ」は、年間でどのくらいの量
になるかご存知だろうか。環境省の発表[61]によると、2018年度の国
民１人１日当たりのごみの排出量は918g に達するという。同様に、
本来食べられるのに捨てられてしまう食品、いわゆる「食品ロス」
の問題も注目を集めている。日本で発生する「食品ロス」の量は、
年間で612万トン[62]（2017年）にも及ぶという。当然ながら地球の
資源は有限である。では、先進国に暮らす私たちの生活の仕方や企
業の行動は、本当に今のままで良いのだろうか。世界の課題が集約
された SDGs は、こうしたことを考える切り口になる。

　SDGs では、目標12に「つくる責任 つかう責任」が設定されて
おり、持続可能な消費と生産の在り方を世界中で模索している。先
進国や開発途上国といった経済状況による分類を問わず、現代を生
きる私たちの生活に最も身近な目標の１つでもあるだろう。

　そこで、「企業のための SDG 行動リスト ver.1」でも SDG 行動
として「ライフサイクルにおける４Ｒ（リデュース、リユース、リ

61　環境省（2020）「一般廃棄物の排出及び処理状況等（平成30年度）につい
　　て」
62　環境省（2020）「我が国の食品廃棄物等及び食品ロスの発生量の推計値（平
　　成29年度）の公表について」

サイクル、リフューズ）の実践」を挙げている。これは SDGs の
ターゲット12.5「2030年までに、廃棄物の発生を、予防、削減（リ
デュース）、再生利用（リサイクル）や再利用（リユース）により
大幅に減らす」に掲げられた内容を企業の文脈に翻訳したものだ。
ターゲットに示された内容は、いわゆる３Ｒ（リデュース、リユー
ス、リサイクル）の推進だが、包装資材やレジ袋の使用を減らすた
めに、受け取りを拒否する「リフューズ」も加えている点が特徴的
だ。

　その達成に向けた具体的な行動を示すと、「レジ袋の削減」「（飲
食店などでの）割り箸削減」「簡易包装」「折り畳みコンテナの使
用」「食品ロスを削減する仕組み」「使用済製品・部品・容器の回
収」「注文生産の実施」「生産者による直接販売の実施」など枚挙に
いとまがない。当然だが、企業ができる行動も事業特性に応じて
様々に異なるだろう。

　今回は、衣食住に関わる生活用品を幅広く取り扱う株式会社良品
計画（以下、良品計画）の取り組みをご紹介したい。1980年に西友
のプライベートブランドとして産声を上げた無印良品は、立ち上げ
当初から「資源の無駄な利用を減らしたい」という思いを抱き、
「素材の選択」「工程の点検」「包装の簡略化」の３つの視点で無駄
になる廃棄物そのものを減らす取り組みを進めている[63]。そのた
め、無印良品の商品は、不要なものをできる限り削減する観点から
設計や製造が行われている。

63　慶應義塾大学 SFC 研究所 xSDG・ラボ（2020）「慶應義塾大学 SFC 研究
　　所 xSDG・ラボ・xSDG コンソーシアム『プラスチック問題分科会』2019年
　　度活動報告書 SDGs の観点から見た適切な日本のプラスチック利活用の実現
　　に向けて」pp27.

　こうした信念を持って、「企業のための SDG 行動リスト ver.1」
で掲げた 4 R を実践する良品計画の取り組みについて、大栗麻理子
さん（良品計画　広報・ESG 推進部長）にお話を伺った。

"企業として、使い捨てプラスチック問題の解決に貢献する"

　無印良品の各店舗では、政府による2020年 7 月のプラスチック製
レジ袋の有料化に先駆け、2020年 3 月からプラスチック製のショッ
ピングバッグの提供を順次中止し、紙袋の提供を行っている。2019
年 4 月にオープンした世界旗艦店「無印良品　銀座」で先行トライ
アルをスタートし、2020年 3 月より順次全店舗に拡大したこの取り
組みは、これまで 2 つのサイズ展開だった紙袋を 4 つまでサイズを
拡大展開し、購入した商品と包装資材のサイズが合わないというス
トレスを顧客に感じさせないよう工夫している。大判の再生ポリプ
ロピレン製リサイクルバッグも併せて販売し、不要になれば、リサ

2 -33　再生ポリプロピレン製のショッピングバックも販売している
（出典 = 良品計画）

イクルバッグを店舗で回収する仕組みも構築している（2-33）。

　「プラスチック製ショッピングバックの紙袋への移行については、法令に従いながら、環境負荷を減らすために行っています。再生ポリプロピレン製のショッピングバックは、不要になった時点で無印良品の店舗に持ち込んでいただければ、返品した際に150円を返金しています。こうして回収されたリサイクルバッグは、車両の内装材などに再度リサイクルされています」と大栗さんは教えてくれた。

　さらに、2020年7月1日から開始された「自分で詰める水のボトル・給水サービス」も注目を集めている。各店舗に顧客が自由に利用できる給水機を設置し、併せて販売する空の容器を繰り返し使ってもらい、ペットボトルで水を購入し捨てるといった行動から脱却してもらうことを目指す仕組みだ。無印良品店舗のほか、公共の給水スポットも示してくれるスマートフォンのアプリを無償提供して

2-34　実際に無印良品の店舗に設置されている給水機
（出典＝良品計画）

側面からのサポートも行っている。このアプリで給水したことを記録すれば、給水量やペットボトル削減量、そして CO_2 削減量も計算され、表示される仕組みだ。こうして定量的にデータが可視化されると、自分の行動を考え直すきっかけにもなる。最後には、不要になった「自分で詰める水のボトル」は店舗に持ち込めば、回収されてリサイクルに回すこともできるという循環的なライフスタイルにつなげられるよう全体のシステムがデザインされている。

　ほかにも、パッケージ素材や陳列資材をプラスチック製から紙製に移行させるなど、無印良品の店舗に足を運べば、商品を取り巻く環境が、数年前と比較して一気に変わっていることに驚く。プラスチック製が一般的な靴下やストールの陳列用フックは、2019年春夏から再生紙を使用した素材に変更されている。

　一方で、解決しなければならない課題もある。インナーウェアを包装していたビニール製のパッケージは、「透明である」ことによって、顧客は製品を視認し、色や素材感といった要素を捉えることができていた。しかし、紙製のパッケージにすることで、その特徴が失われてしまう。そこで、紙製であっても、製品を確認できるよう、包装資材を切り取り、窓を設けようとすると、衛生面で問題が生じてしまう。もし、衛生面での問題を解決するならば、ビニール等の透明な素材で窓を覆う必要性が生じるだろう。パッケージの大部分を紙製にすれば、パッケージにおけるビニールやプラスチック等の使用比率は削減できるが、異なる材料を組み合わせることで、リサイクルの段階で支障をきたしてしまうのだ。このように、良品計画は解決しなければならない問題とのジレンマを抱えながらも「これからの社会はどうあるべきか」という問いへの答えを常に考えながら、着実に歩を進めている。

"コロナ禍においても消費と生産の持続可能性を考える"

　2020年に世界中で感染拡大した新型コロナウイルスが、無印良品の商品にもたらした影響もある。塞ぎ込みがちなコロナ禍の生活に少しでも楽しめる要素を提供したいと、マスクに貼るアロマオイル用シールを販売したり、シトラスの香りのマスク用リフレッシュスプレーなどを商品展開したりしているが、マスク本体にもSDGsの目標12「つくる責任　つかう責任」に関連する工夫を施して販売している。

　飛沫による感染を防止するために着用するマスクの販売は、無印良品においては不織布のマスクだけでない。本体にオーガニックコットンを使用した布製のマスクも販売しており、この綿生地は他の製品を製造する際に発生した残布を使用しているのだ。フランネル素材などバリエーションがあり、顧客にも好評だという。こうした端材を処分するのではなく、無駄を徹底的に減らそうとする姿勢は、SDGsの達成にも貢献する取り組みだ。

　また、2020年12月にオープンした関東最大級の店舗である「無印良品　東京有明」では、４Rの実現に向けた要素が取り入れられている。それが「量り売り」である。東京有明店では、他店舗に先駆けて、食器用洗剤や衣類用洗濯洗剤など５種類用の洗剤が100mlあたり70円（消費税込み）で量り売りされている。これらはアブラヤシの実から採取されるパーム油を使用した自然由来の洗剤である点も見逃せない。

　ほかにも、米や大豆、コーヒーなどの食材も量り売りで提供されている。さらに、東京有明店では、所在する東京都江東区と協力して[64]、区の古着回収ボックスを設置したり、家庭で余った食品を回収する「フードドライブ」も実施したりと、４Rの実践事例は数多

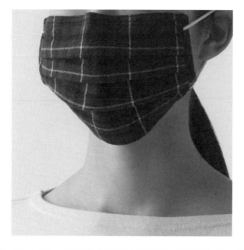

2 -35　マスクに使用する素材に端切れを使用している
（出典 = 良品計画）

く見られる。こうした取り組みの積み重ねが SDGs の目標12「つ
くる責任　つかう責任」の達成につながるだろう。

　"SDGsを前面に出すよりも、結果としてSDGsにつながることが
　理想"

　こうした様々な取り組みを検討する際に、良品計画は SDGs を
一体どのように捉えているのだろうか。

　「創業当時から、弊社は環境への負担を極力減らしながら、社会
の発展に寄与することを念頭に置いて事業を発展させてきました。
例えば、製品に使用する素材を検討する際には、できる限りリサイ
クル可能なものを選択するというように、サプライチェーン全体に

64　江東区ホームページ「報道発表資料：資源循環型社会の実現に向け、株式
　　会社良品計画とリサイクル事業を実施します」

2-36　広報・ESG 推進部長の大栗さん（出典＝良品計画）

わたって環境負荷を減らすことを常に考えている会社です。こうした行動を続けていくことが、結果的に SDGs の達成にも関わってくると思います」と大栗さんは語る。

　良品計画の社内での SDGs に対する意識はどのようなものなのかと尋ねると、認知度は非常に高いとのこと。しかし、SDGs の内容や意義をどこまで社員が認識しているかと言えば、他社と大きく変わらないのではないかとも言う。

　「持続可能な発展の文脈で言えば、SDGs だけではなく、ESG も社内では認知されています。2020年8月期の決算説明会で、弊社は ESG 経営のトップランナーを目指すことを発表したため、経営陣も高い関心を寄せています。これまでは、地域社会とのつながりを重視し、『S（＝社会）に配慮した経営』が弊社の強みでした。しかし、今後は ESG のバランスを取りながら、経営を舵取りしていかなければならないと考えています」と大栗さんは話す。こうし

た ESG 経営への動きも SDGs と同じく持続可能性を志向するものである以上、向かう方向性は同じはずだ。

　また、良品計画は2018年から慶應義塾大学 SFC 研究所 xSDG・ラボと「感じ良い社会の実現に向けた SDGs の戦略的実現モデルの創出」と題した共同研究に取り組んでいる。この共同研究は、良品計画が「今できていること・できていないこと」について、SDGs の枠組みを用いて整理しながら、体系化することを目的に開始されたものだ[65]。その内容は蟹江（2020）[66]に詳しいが、SDGs をマッピングのためのツールとして捉えた際に、良品計画という企業を対象に評価するのか、事業を対象に評価するのか検討を重ね、最終的に、事業評価を集積させて企業評価とするという結論に達した。つまり、「SDGs の目標達成に貢献する事業を増やし、それらがそれ以外の事業を淘汰していくことで SDGs に真に貢献する企業ができていくという考え方」である（蟹江2020）。

　実際に大栗さんも「弊社では、社内で事業から生じる影響等を整理するときに SDGs を使用しようと考えしています。そもそも無印良品は、環境や社会の役に立つことを目指してはじまった考えで立ち上がっているブランドです。弊社の製品が、どこまで顧客の役に立っているのか、不足していることは何か、そういったことを検討する際に、SDGs は非常に良い物差しになると感じています」と語る。

65　良品計画ホームページ「トップ対談『感じ良いくらし』の実現 第四回：これからの社会はどうあるべきか」
　　https://ryohin-keikaku.jp/csr/interview/004_01.html
66　蟹江憲史『SDGs（持続可能な開発目標）』（2020）pp140-143, 中央公論新社.

このように、自社の製品の製造行程で発生する廃棄物や、サプライチェーン全体の法令遵守などを見直す点検ツールとしてもSDGsを用いることができるだろう。SDGsの達成に向けて求められる行動は、現在世界が直面している課題を解決する行動とも言える。国連グローバル・コンパクト等が発行した「SDG Compass」では、「世界的な視点から、何が必要かについて外部から検討し、それに基づいて目標を設定することにより、企業は現状の達成度と求められる達成度のギャップを埋めていく[67]」取り組みとして「アウトサイド・イン・アプローチ」を紹介している。無印良品の取り組みは、まさに「アウトサイド・イン・アプローチ」を実際に行っている好例と言える。SDGsの目標やターゲット自体は、あくまで国家を主体として作成されているが、企業活動にも利用できるように読み替えを行う必要がある。そこで生まれたのが、「企業のためのSDG行動リスト ver.1」であることは論を待たない。

　自社の商品や事業をSDGsの観点からも問い直し、改善を続ける良品計画は、4Rの実践にとどまらず、自社の商品やサービスを通じて、「感じ良いくらしと社会」の実現に向けて、これからも歩みを進めていくはずだ。

67　GRI、国連グローバル・コンパクト、WBCSD「SDG Compass SDGsの企業行動指針 － SDGsを企業はどう活用するか－」

◆ SDG 行動リストの該当箇所と更に強化できるポイント

ターゲット	カテゴリー	サプライチェーン・プロセス	SDG 行動	具体的行動の例
12.5	環境マネジメント	共通	ライフサイクルにおける4R（リデュース、リユース、リサイクル、リフューズ）の実践	・レジ袋の削減 ・（飲食店などでの）割り箸削減 ・簡易包装 ・折り畳みコンテナの使用 ・食品ロスを削減する仕組み ・使用済製品、部品、容器の回収 ・注文生産の実施 ・生産者による直接販売の実施

　本事例は、SDG 行動リストの中で、「ライフサイクルにおける4R（リデュース、リユース、リサイクル、リフューズ）の実践」に該当する取り組みである。良品計画は、SDG 行動リストで示されている「レジ袋の削減」や「簡易包装」といった取り組みを積極的に進めている。事例でも紹介したように、ビニール製から紙製のパッケージに移行することで、確かにプラスチックの使用量は削減できる。一方で、SDGs の目標15「陸の豊かさも守ろう」の観点から、SDG 行動リストの15.4で示されている「健全な森づくりに向けた林業経営や森林サービス産業への参入」のように、使用する紙の原料となる森林の持続可能な経営にも貢献することも、企業の責任の範囲を広げて考えることができるだろう。

●目標12　つくる責任　つかう責任

株式会社大和証券グループ本社

持続可能性に関する定期報告が企業価値を向上させる

　企業が自社の取り組みをまとめ、投資家など社外のステークホルダーに向けて発行する報告書には様々な種類がある。その中で、近年、財務報告と社会貢献などの非財務情報に関する報告等を兼ね備えた「統合報告書」を発行する企業が増えている。KPMGジャパンが行った調査[68]によると、2019年12月末時点で東証一部に上場する2,162社の22％にあたる477社が統合報告書を発行しているという。また、そのうち売上規模が1,000億円以上の企業が全体の88％に及んでおり、規模の大きい企業を中心に、統合報告書が発行されていることも明らかになっている。

　最近では、統合報告書の発行に加え、ESG（環境・社会・ガバナンス）投資に対する関心も高まっており、関連する書籍も書店の店頭に並ぶ。SDGsに表れている地球の持続可能性への危機感は、企業の取り組みにも大きく影響していると言えよう。2017年11月には、一般社団法人日本経済団体連合会（以下、経団連）が、企業行動憲章[69]を改定し、Society 5.0の実現を通じたSDGsの達成を柱とすることを明記したことは、多くの企業に変化の必要性を告げた。

68　KPMGジャパン統合報告センター・オブ・エクセレンス（2020）「日本企業の統合報告書に関する調査2019」p21.

その後、経団連は SDGs に関連したホームページ[70]も開設し、会員企業の取り組み事例を公開することで、その動きを対外的にも示している。時点は前後するが、2006年に国連のアナン事務総長（当時）が提唱した「責任投資原則（PRI、Principles for Responsible Investment）」に対して、2015年に年金積立金管理運用独立行政法人（GPIF）が署名したことも、非財務情報に企業の注目が集まった契機の１つと言えるだろう。

　こうした非財務情報への関心の高まりは、SDGs にも反映されている。目標12「つくる責任 つかう責任」の中で、ターゲット12.6「企業、特に大企業や多国籍企業に対し、持続可能な取り組みを導入し、持続可能性に関する情報を定期報告に盛り込むよう促す」が掲げられ、その進捗を測る指標では、「持続可能性に関する報告書を発行する企業の数（指標12.6.1）」が設定されており、明確に企業の関与が必要とされている項目の１つだ。

　そこで、「企業のための SDG 行動リスト ver.1」でも SDG 行動として「持続可能性に関する情報の定期的な報告」が挙げられている。その達成に向けた取り組みとして、「サステイナビリティ報告書や統合報告書などの定期報告」することが明示されている。

　今回は、国内でサステイナビリティ報告書や統合報告書を発行する企業の中から、「SDGs レポート」や「SDGs ブックレット」を発行して、ステークホルダーとの積極的な対話を行う大和証券グループ本社の取り組みについて、同社経営企画部 SDGs 推進室長の川那部留理子さん、同じく SDGs 推進室の布川眞理子さん、黒

69　一般社団法人日本経済団体連合会「『企業行動憲章』の改定について」
70　Keidanren SDGs, https://www.keidanrensdgs.com/home-jp

須仁美さんにお話を伺った。

そもそも、大和証券グループ本社の SDGs への関心はどのように高まっていったのだろうか。

「2017年は弊社115周年の節目にあたり、同年に就任した中田誠司代表執行役社長（CEO）の働きかけで、企業理念にもある『社会への貢献』とは何かについて、再度見直す動きが見られました。以前は、自社の利益の一部を使って寄付や助成をするのが主流でしたが、それでは真の意味で持続可能ではありません。CSV（Creating Shared Value：共有価値の創造）の考え方に則って社会貢献を推進していくべきではないか、それが SDGs なのではないかと考えました。幸いにも当社グループには、ワクチン債のように、ビジネスの中で社会課題解決に貢献するといった取り組みが既に存在し、そうした経験が役立ちました。それから約１年を費やして、SDGs を経営戦略にどのように組み込んでいくか協議し、グループ横断的に SDGs にどう取り組むのかを取り決める『SDGs推進委員会』の設置を2018年２月に公表しました」と川那部さんは教えてくれた。

さらに、大和証券の各本部およびグループ会社に SDGs 責任者を設け、ビジネスラインに浸透していくように意図しているそうだ。グループ内で SDGs に関連する業務を行う有識者で構成される SDGs アドバイザリーグループを設置し、SDGs 推進委員会での議題内容を決めるなど、グループ内の人的リソースも最大限活用している。2020年度からは、執行役副社長の田代桂子氏が SDGs 担当に就任するなど経営陣のコミットメントもある。

　同時期に、日本証券業協会の鈴木茂晴会長が、会長の諮問機関として「証券業界における SDGs の推進に関する懇談会」を設置したことも大きな影響があったという。同懇談会の下部機関として、「貧困、飢餓をなくし地球環境を守る分科会」、「働き方改革そして女性活躍支援分科会」、「社会的弱者への教育支援に関する分科会」を設置し、テーマごとの検討も行っている。

　このように、2017年に中田誠司代表執行役社長（CEO）が就任したことと、証券業界での SDGs に対する機運の高まりが SDGs を意識した動きの発端となったのだ。それでは、その後の大和証券グループ本社の動きも確認してみよう。

"SDGsアクションプランやマテリアリティの決定"

　「SDGs 推進委員会」の設置を公表してから 2 ヶ月後の2018年 4 月に、経営戦略の根底に SDGs の観点を取り入れ、2018年度から20年度を対象期間とする中期経営計画 "Passion for the Best" 2020を発表している。そして、SDGs 推進に係るアクションプランを2019年 5 月に発表した。アクションプランの策定にあたっては、2 つの視点から検討した。1 つ目は、SDGs の達成に向けて現状のビジネスからできることを考える Forecasting の視点。SDGs に関連する取り組み事例をグループ全体から募り、4200個を超える事例が寄せられたという。2 つ目は、2030年に自社がありたい姿を思い描き、その実現のために何ができるかを考える Backcasting の視点。約120名の社員有志から成るワーキンググループで提言を策定した。こうしてボトムアップで集まったアイデアについて、社外有識者の意見も踏まえながら、SDGs 推進委員会で検討を重ね、SDGs 推進アクションプランとして策定した。

図表 2 -37　大和版 SDGs バリュー・チェーンのサイクル
（出典＝大和証券グループ本社ホームページ[71]）

　2018年度までは SDGs の社内認知度を高めることに力を入れて
きたのに対し、2019年度からは、アクションプランを実行し、その
進捗をどのように把握していくか協議を重ねる段階に移行してい
る。そして、2020年度からは、自社の取り組みの進捗を可視化する
ため、5 つのアクションテーマから成る大和版 SDGs バリュー・
チェーン（図表 2 -37）の枠組みを用いて KPI を設定している。ま
ず、図の左上に位置するアクションテーマ「市場拡大に向けた
SDGs マーケティングの推進」から始まり、次に「社会課題解決
に資する SDGs ファイナンス商品の拡充」、そして「SDGs に資す
る産業基盤の育成・支援」が続き、「投資循環を促進するエンゲー
ジメントの強化」に至るというサイクルを回している。このサイク

71　大和証券グループ本社ホームページ「大和証券グループ SDGs 推進アク
　　ションプラン "Passion for SDGs"」

ルに「大和証券グループの『ジブンゴト化』計画」という横断的な
5つ目のアクションテーマが位置づけられている。2020年度は、こ
れらのアクションテーマそれぞれにSDGs推進KPIを設定し、試
験的な運用を開始している段階だ。例えば、「社会課題解決に資す
るSDGsファイナンス商品の拡充」であれば、「SDGs債リーグ
テーブル」、「大和証券グループの『ジブンゴト化』計画」では「女
性管理職比率」や「CO_2排出量」が設定されている。

　「2020年度は、アクションテーマごとのKPIを開示して、ESG
などに関する機関投資家とのコミュニケーションに活用している段
階です。これらの指標は、SDGsやESGのグローバル指標だけを
意識したものではなく、実際に現場でも意義を見出してもらえる指
標にできるようアップデートを進めています」と、川那部さんはそ
の意図を語る。

“CSR報告書からSDGsレポートの発行へ”

　このようにSDGs推進に向けた動きを同社ホームページで社外
に向けて適宜公開しながら、2019年度には、これまで10年間にわた
り発行してきたCSR報告書を、SDGsを冠した「SDGsデータ
ブック2019」に変更している。その後、2020年にはPDFでの開示
から全面的なホームページ上での開示に移行し、「SDGsレポート
2020」へと進化させたが、同社は2002年から2008年まで「持続可能
性報告書」を発行した歴史を有している。持続可能性報告書から
CSR報告書、そしてSDGsレポートと変遷する中、それぞれの変
わり目のタイミングで、内容をどのように変化させたのだろうか。

　「持続可能性報告書は、2002年に弊社が創業100周年を迎え、次
の100年間も幅広いステークホルダーとともに持続的に発展してい

167

きたいと考えて発行をはじめました。当時は『持続可能性』という概念に社員はあまり馴染みがなく、2009年の時点で既に市民権を得ていた『CSR（企業の社会的責任）』という概念をタイトルに冠することにしました。『CSR 報告書』から『SDGs データブック』へとリニューアルした背景には、2018年度下期から CSR 活動をSDGs 達成に向けた取り組みの一部として発展させた経緯があります。これに伴い、事業活動及び従来の CSR 活動の内容を改めて整理し、名称も改めました。いずれも、現場で働く社員にも理解しやすいよう配慮して検討をしています」と布川さんは教えてくれた。

　また、大和証券グループ本社でも、ステークホルダーに伝えたい内容は紙ベースで発行される報告書に記載し、詳細なデータはホームページに掲載するといった工夫も施している。2013年からは、環境負荷を低減させるために、電子版のみの発行とし、2014年からは第三者報告も掲載をはじめるなど、その時々で時代の流れを的確に捉えながらアップデートを重ねている。現在は、SDGs に関連する情報をタイムリーにステークホルダーへ届けられるよう、最新の情報をホームページ上で適宜情報開示を行っている。

　また、同社 IR 室は統合報告書を発行しているが、こちらは機関投資家を主なターゲットとして想定しており、記載されている情報は経営戦略とそれに付随する財務・非財務情報だ。一方、SDGs レポートは主に ESG 評価機関をターゲットとし、ESG 関連の非財務情報を中心に掲載している点が異なる。ほかにも、個人株主や顧客に向けて、SDGs に資する取り組み等を掲載した SDGs ブックレットを発行しているなど、同社ではそれぞれの報告書の性質やターゲットを明確に整理して発行しているという。

"SDGsレポートが企業価値を向上させる"

　それでは、同社が SDGs に取り組んだことによって得られる財務的・非財務的な利益には、どのようなものがあるのだろうか。

　「まず、財務的には、ESG 投資に対応できるといった点に加え、SDGs に対して事業活動を通じて考えることで、新たな収益基盤が構築できると考えています。例えば、再生可能エネルギーや農業等の分野での持続可能性を考えて、2018年に新会社を設立しました。新規事業を創出する際に、SDGs は新たな視点を与えてくれています。次に、非財務部分では、若い世代の SDGs への共鳴度が高いと感じているので、弊社の持続可能性への姿勢を知っていただくことで、レピュテーションの向上にとどまらず、『就職するなら大和（ダイワ）』『投資をするなら大和（ダイワ）』と若い方々に感じてもらい、将来の選択肢の中に弊社を位置づけていただくきっかけになると考えています」と黒須さんは語る。

　大和証券グループ本社の取り組みは、非常に体系的に進んできたように見えるが、SDGs の推進に取り組んでいく上での困難や課題等はあるのだろうか。

　「初期の頃は、SDGs に対する社内の認知度向上に苦労しました。2018年の夏頃に日本証券業協会から SDGs のピンバッジの配布がありました。社員一人ひとりが SDGs を理解することが重要であり、意識付けのためにも、ピンバッジを社員に配布することは有効でした。そのなかで、一部の社員は洋服に穴を空けることに抵抗があり、マグネット式の SDGs バッジを別途作成するなどの工夫も行っています。

　カラフルなピンバッジをご覧になって、お客様から尋ねられることも多くありますので、社員に SDGs ブックレットを配布してい

2-38　大和証券グループ本社　右端より、川那部さん、布川さん、黒須さん

ます。さらに、『おはようダイワ』という毎朝15分の社内番組があり、そこでもSDGsビジネスの成功事例を共有しています。こうして、SDGsが日々の営業活動に役立つように心がけています」と川那部さんは教えてくれた。

　こうしてSDGsに取り組んだ結果、社内でも一定の変化が見られたという。

　「組織全体としては、事業を通じた社会貢献という考えが『限られた人たちの取り組み』という認識をされることもありましたが、現在では若手社員のみならず、グループ全体でSDGsが浸透してきたと感じます。実際に、社内報で『SDGsに資する取り組み』を紹介する欄があるのですが、社内からの掲載要望が増加しています。個人レベルでも、SDGsが共通の話題となって会話が広がるなど、お客様との信頼関係を構築する上で非常に役立っていると聞きます」と黒須さん。

　こうした社内外での取り組みを積み重ね、様々な意見も踏まえながら、掲載内容を検討する必要があり、持続可能性に関する報告書を発行することは簡単なことではない。そういった中で、報告書を発行する意義を当事者はどのように感じているのだろうか。

　「これまで手探りで進めてきたのですが、ESG や SDGs に注目が高まる中で、非財務情報の開示はステークホルダーからの信頼を構築し、企業価値を高める重要な手段になると感じています。また、こうした報告書は、現場からの取り組み事例を集める必要があり、SDGs 推進室だけでは作れないものです。非常に負荷が高い業務ではありますが、大きなやりがいを感じています」と川那部さんは語ってくれた。

　SDGs の達成期限まで残り10年を切った。企業が SDGs の達成に向けた行動に取り組むことはもちろん、体系的に実績をまとめ、定量的なデータとともに関係者に共有することを主流化させていかなければならない。その際に、先駆者である大和証券グループの取り組みは大いに参考になるはずだ。

◆ SDG 行動リストの該当箇所と更に強化できるポイント

ターゲット	カテゴリー	サプライチェーン・プロセス	SDG 行動	具体的行動の例
12.6	環境マネジメント	共通	持続可能性に関する情報の定期的な報告	・サステイナビリティ報告書や統合報告書などの定期報告

　本事例は、SDG 行動リストの中で、「持続可能性に関する情報の定期的な報告」に該当する取り組みである。大和証券グループ本社では、行動リストで示されている具体的な行動「サステイナビリティ報告書や統合報告書などの定期報告」を丁寧に行っている。さらに、SDG 行動リストのターゲット10.2で示されているように「ユニバーサル・デザインの採用」の SDG 行動として「カラーユニバーサルデザイン認証」や「ユニバーサルデザインフォント」を導入することで、目標10「人や国の不平等をなくそう」の実現にも貢献できるだろう。

●目標 7　**エネルギーをみんなに　そしてクリーンに**

> **トヨタ自動車株式会社**
>
> **気候危機を回避するために**
> **－CO_2ゼロへの挑戦**

　SDGs の目標 7 で掲げられている「エネルギーをみんなに　そしてクリーンに」という目標は、私たちの生活に身近なものの 1 つだろう。電気は私たちの日常になくてはならないもので、屋内外の照明設備だけでなく、テレビや冷蔵庫といった生活家電、スマートフォンやパソコンといった電子機器も電気というエネルギーで動いている。家の外に一歩足を踏み出せば、電車やバス、飛行機といった公共交通機関はもちろん、自家用車も電気やガソリンといったエネルギーで動いているのだ。

　一方で、有限な石油や石炭といった化石燃料を使用することで排出される CO_2 等の温室効果ガスは、地球温暖化といった気候変動の要因となる恐れがあり、その削減や再生エネルギーへの転換が求められている。気候変動が人類にもたらす影響は非常に大きく、海面上昇によって国土が消失したり、地球温暖化によって自然災害が発生したりと、人々の生活を一変させてしまうこともある。折しも、2020年10月に菅義偉内閣総理大臣が「2050年までに温室効果ガスの排出実質ゼロを目指す」と表明しているように、再生エネルギーの普及やエネルギー効率の向上は現代人が立ち向かわなくてはならない課題と言えよう。

　「企業のための SDG 行動リスト ver.1」においても SDG 行動

として「エネルギー使用効率の改善」が挙げられている。これは
SDGsのターゲット7.2「2030年までに、世界のエネルギーミック
スにおける再生可能エネルギーの割合を大幅に増やす」に掲げられ
た内容を企業の文脈に読み替えたものだ。エネルギーミックスと
は、エネルギー（おもに電力）を生み出す際の、発生源となる石
油、石炭、原子力、天然ガス、水力、地熱、太陽熱など一次エネル
ギーの組み合わせ、配分、構成比を指す[72]。

　さらに、その達成に向けた具体的な行動として、「EV・FCVや
低公害車の導入」「モーダルシフト」「製品ライフサイクルを通じた
エネルギー効率改善」といった取り組みが並ぶ。こうした具体的な
行動を実行するためには、自動車メーカーも欠かすことのできない
主体の1つであると言えよう。

　そこで、今回は「自動車をつくる会社からモビリティカンパニー
へとモデルチェンジ」を目指すトヨタ自動車株式会社（以下、トヨ
タ）の取り組みについて、大塚友美さん（トヨタ　チーフ・サステ
ナビリティ・オフィサー　※2021年6月にCSO就任）にお話を伺っ
た。

"「SDGsに本気で取り組む」"

　トヨタは、サステナビリティやSDGsのさらなる推進に向けて、
2020年2月にCSO（チーフ・サステナビリティ・オフィサー）を
新たに設置し、同社の早川茂副会長が就任している。時を同じくし
て、デピュティ・チーフ・サステナビリティ・オフィサーに就任し
た大塚さんは、積極的に社外のステークホルダーとのエンゲージメ

72　「SDGsとターゲット新訳」制作委員会「SDGsとターゲット新訳」

ントを行うほか、社内におけるSDGsやESGの周知浸透に尽力している。

　トヨタがSDGsを初めて明確に打ち出したのは、2020年5月のことだった。決算発表の場で、豊田章男社長が「SDGsに本気で取り組む」と宣言したのだ。では、なぜトヨタはSDGsの推進に取り組むのだろうか。

　「弊社は、これまでも事業活動を通じて豊かな社会づくりに貢献するためにビジネスをしていこうという姿勢で事業に取り組んできました。そのため、何か新しいことに取り組んでいるというよりも、世界の共通言語であるSDGsを活用して、社内外のステークホルダーとコミュニケーションを円滑に取りながら、持続可能に成長していきたいと考えています」と大塚さんは教えてくれた。

　また、こうした姿勢を発表する時期が、コロナ禍と重なってしまったわけだが、トヨタは2020年5月の決算発表で、黒字の見通しを打ち出している。この背景について、大塚さんは「厳しい状況でもなんとか黒字を確保できる会社になったことを示しながら、コロナ危機からの復興の牽引役になりたいという意思を表しています」と力強く語る。

　実際に、トヨタはフェイスシールドや、運転席・助手席のある車両前方スペースと、後部座席以降の車両後方スペースの間の隔壁に工夫を施した飛沫循環抑制の機能を有する患者移送用車両の検討・提供など、社会の役に立つことを現場からの発案で取り組んでいる。現場社員によって作られた足踏み式の消毒スタンドは、トヨタ生産方式（TPS）による改善が重ねられた結果、安価に供給することが可能になった。

　こうした社会変化や豊田社長の宣言から約半年を経て、日本有数

の大企業であるトヨタの社内で、SDGs の浸透はどのように進んでいるのだろうか。

「決算発表以降、株主総会や何か発表がある際には積極的に SDGs という言葉を使うようにしており、社内での認知は高まっています。社員に向けても e ラーニングを実施したり、社内の事業活動にも織り込んだりするようにしています。昨年発表した『トヨタフィロソフィー』には、弊社の揺るぎない軸（ミッション・ビジョン）が書かれているのですが、これが SDGs に通ずるものだと感じています」と大塚さんは続ける。

これまで経営の中核に据えられてきた創業者の考え方をまとめた「豊田綱領」をもとに、トヨタのぶれない軸をまとめなおしたものが、トヨタフィロソフィーである。トヨタフィロソフィーでは、ミッションに「幸せを量産する」と据えて、ビジョンには「可動性を社会の可能性に変える」を掲げている。可動性という言葉には

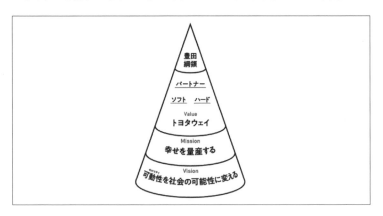

図表 2-39　2020年に示されたフィロソフィーコーン
（出典＝トヨタイムズホームページ[73]）

73　トヨタホームページ「トヨタフィロソフィー」https://global.toyota/jp/company/vision-and-philosophy/philosophy/

「一人ひとりが行動を起こす」という意味も込められている。これには、地球環境も含めた人類の幸せにつながる行動を起こすことが示されているのだ。領域を超えて活動していくことが求められている背景には、昨今の自動車業界における CASE と呼ばれる技術革新がある。CASE とは、Connected（コネクティッド）、Autonomous/Automated（自動化）、Shared（シェアリング）、Electric（電動化）の頭文字から構成され、自動車を取り巻く既存の概念からの大幅な変革が起こっていることを示している。その中で、今回は Electric（電動化）に焦点を当てて、その取り組みをご紹介したい。

　　“これまで培った技術を活かし、気候変動に対応する”

　SDGs の採択と時を同じくして、トヨタは2015年10月に「トヨタ環境チャレンジ2050」を公表している。同チャレンジは、「新車 CO_2 ゼロチャレンジ」「工場 CO_2 ゼロチャレンジ」「ライフサイクル CO_2 ゼロチャレンジ」「水環境インパクト最小化チャレンジ」「循環型社会・システム構築チャレンジ」「人と自然が共生する未来づくりへのチャレンジ」の 6 つの分野で構成され、持続可能な社会の実現を目指している。本稿では、CO_2 ゼロという目標の実現に向けた 3 つのチャレンジを紹介する。

　はじめに、「新車 CO_2 ゼロチャレンジ」では、「2050年に新車平均走行時 CO_2 排出量90% 削減」を目標に掲げている。その達成には、2020年現在に主流となっているガソリンを燃料とするエンジン車から、電動車への移行が必須だ。1997年に世界初の量産ハイブリッド乗用車として発売された「Prius（プリウス）」以来、蓄積してきた技術がトヨタにはある。

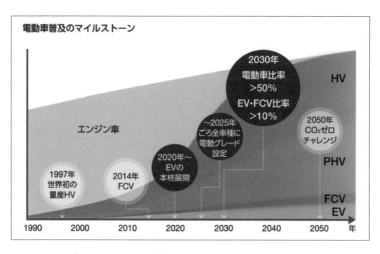

図表 2 -40　トヨタが考える電動車普及のマイルストーン
（出典＝トヨタホームページ[74]）

　トヨタが拡大を目指すのは、BEV だけではない。水素を用いた
FCEV（燃料電池自動車）も重要な役割を担う。走行時に二酸化炭
素や環境負荷物質を排出しない優れた環境性能を誇る FCEV とし
て発売された「MIRAI（ミライ）」は市場の注目を集めている。走
行時に CO_2 が発生しないことや燃料の充填のしやすさ等から、
2050年までにカーボンニュートラルを達成するために FCEV は有
効な解決策の１つだ。FCEV の普及に向けて、トヨタは日本水素
ステーションネットワーク合同会社に参画するなど、水素ステー
ションの整備にも力を入れている。

　トヨタはこうした BEV、FCEV に加え HEV（ハイブリッド
車）、PHEV（プラグインハイブリッド車）といった電動車をフル

74　トヨタホームページ「SDGs への取り組み」https://global.toyota/jp/
sustainability/sdgs/

ラインナップで揃え、地域の実情に合った車を顧客が選択できるようにすることを戦略に含めている[75]。技術を開発することで満足するのではなく、普及させることこそ環境への貢献につながるとトヨタは捉えているのだ。2020年に HEV 1,954,454台、PHEV48,513台、FCEV1,770台、BEV3,346台を数え、年間1,959,570台[76]の電動車を販売している。前年から30万台近く増加しており、着実に前に進んでいることが分かる。2030年の電動車販売台数を550万以上とすることを2017年末に発表しているが、目標を上回る速度で販売台数が増加しているという[77]。

　次に、「工場 CO_2 ゼロチャレンジ」について紹介しよう。CO_2は自動車が走行する段階だけでなく、工場で製造する段階でも発生する。そこで、トヨタは2030年時点における工場からの CO_2 排出量を2013年比で35％以上削減することを目標に掲げている。その達成に向けて2つのポイントがある。まず、エネルギー効率の改善といった革新技術と、徹底的にムダ・ムラ・ムリを排除するという日常改善を行いながら、徹底的な省エネを推進することが1つ目のポイントだ。次に、徹底した省エネを行った上で、どうしても必要なエネルギーについては、再生エネルギーや水素の利用によってクリーン化しようとしている。

75　トヨタイムズ「3分で読み解く　トヨタの水素戦略　なぜトヨタは MIRAI をフルモデルチェンジしたのか」https://toyotatimes.jp/insidetoyota/109.html

76　トヨタホームページ「トヨタ、2020年のグローバル販売、前年比89.5％を確保」https://global.toyota/jp/company/profile/production-sales-figures/202012.html

77　トヨタホームページ「普及してこそ環境への貢献。CO_2ゼロへの挑戦。」https://global.toyota/jp/sustainability/sdgs/

最後に自動車を廃棄する際に発生する CO_2 も含んだライフサイクルでの CO_2 削減に向けた取り組みも紹介したい。トヨタは、2030年にライフサイクルでの CO_2 排出量を2013年比で25％以上削減することを掲げている。そのために、軽量で高剛性の車体を実現する新素材をサプライヤーとともに開発したり、リサイクル材料の使用拡大を行ったりするなど、車両製造時の CO_2 排出量を削減しようとしている。こうした課題の解決に向けて、トヨタは自社だけでなく、サプライヤーや顧客等と連携して技術開発とバリューチェーンの両面から取り組みを進めていこうとしている。これらの複合的な取り組みを通じて、車の走行段階の CO_2 を減らすだけでなく、製造過程の CO_2 の削減を行っているのだ。

　数十年に渡って培ってきた省エネ技術が蓄積されている点はトヨタの大きな強みだが、自社が保有する車両電動化技術に関する約23,740件（2019年3月末時点）の特許実施権を無償で提供している。こうした取り組みを行うのも、自社だけでなく業界全体で課題に立ち向かっていくという姿勢の現れと言える。

　　" 『Youの視点』がSDGsにつながる "

　こうした気候変動の阻止、SDGs の達成といった地球規模の目標の達成に向けて取り組むことで、トヨタはなにを得ることができたのだろうか。

　「弊社社長の豊田は、自分以外の誰かの幸せを願い、行動する『You の視点』の重要性を従業員に伝えています。SDGs によって、社員一人ひとりの考え方に変化が生まれ、『幸せの量産』に向けた人材育成につながることが重要であると考えています。SDGs で示されている世界規模の課題解決への貢献を弊社の方針に反映さ

2 -41　トヨタの SDGs 推進の要を担う大塚さん

せ、具体化して自分の業務に落とすことで、従業員それぞれが
SDGs を自分ごと化できると考えています」と、ミッションを果
たすための人材開発において好影響があると大塚さんは感じている
という。

　また、冒頭に述べたように、自社の SDGs 推進を表明した時期
とコロナ禍が重なったことで、SDGs の主要なメッセージでもあ
る「変革」につながる可能性も実感したという。

　「新型コロナウイルス感染症の患者の方の移送用車両をご提供さ
せていただきました。現場で戦っている方々、苦しんでいる方々の
気持ちに寄り添いながら、私たちにできることを即断、即決、即実
行していく、との方針に基づき、部署を超えたチームが10日間で医
療現場の困りごとに対応しました。コロナをきっかけとして、働き
方変革のスピードが早まったように思います。また弊社では、世界
各国の販売代理店等の代表者が一堂に会する『世界大会』を約４年

に１度開催していましたが、2020年はコロナ禍の影響を受け、オンラインで開催しました。豊田社長のメッセージが各国で働くより多くの仲間に、またトヨタ内でも様々な職種・資格のメンバーに届き、ミッションや企業としての在り方が従来以上に共有、議論され始めました。こうした変化の積み重ねが、SDGs でも求められている変革につながると感じています」と大塚さんは語る。

　このように、トヨタはモビリティカンパニーへの変革を通じて、新たな価値を社会に提供しながら、SDGs への貢献を拡大させている。その取り組みは今後もますます加速していくはずだ。

◆ SDG 行動リストの該当箇所と更に強化できるポイント

ターゲット	カテゴリー	サプライ チェーン・ プロセス	SDG 行動	具体的行動の例
7.3	気候変動	共通	エネルギー 使用効率の 改善	・EV、FCV や低公害車の導入 ・モーダルシフト ・製品ライフサイクルを通じた 　エネルギー効率改善

　本事例は、SDG 行動リストの中で、「エネルギー使用効率の改
善」に該当する取り組みである。特に「EV、FCV や低公害車の導
入」に関して、BEV（電気自動車）や、水素を用いた FCEV（燃
料電池自動車）の生産を拡大し、性能を向上させることで目標達成
に向けた貢献をしている。一方で、こうした BEV や FCEV の普
及には、ユーザーである市民や導入する企業、行政機関などとの
パートナーシップも欠かせない。そこで、SDG 行動リストのター
ゲット17.17で示されているように「市民社会や公的機関とのパー
トナーシップの構築」という SDG 行動をすべく、社会課題解決に
向けた企業協働事業を推進・拡大していくことで、さらなる
BEV・FCEV 等の推進を行うことができるだろう。

※ SDG 行動リストでは、電気自動車＝ EV、燃料電池自動車＝ FCV、と表記。

● 目標13　**気候変動に具体的な対策を**

> パタゴニア日本支社
>
> ## 自社の行動を変えることで、アパレル業界全体の気候危機に対する意識を変える

　アウトドアウェアのブランドとして多くの人に愛される企業といえば、パタゴニアが挙げられるだろう。「私たちは、故郷である地球を救うためにビジネスを営む。」という揺るぎない信念は、多くの消費者の共感を生んでいる。例えば、2019年7月21日にパタゴニアが直営店舗を一斉休業させたことを覚えている人も多いのではないだろうか。参議院選挙の投開票日というのが、その背景にある。この日は折しも日曜日、アパレル産業にとって週末は売上に大きく

図表 2 -42　選挙に行くことも気候危機を防ぐ重要な行動の１つだ
（出典 = パタゴニアホームページ[78]）

78　パタゴニアホームページ http://voteourplanet.patagonia.jp/

影響するはずだ。しかし、パタゴニアは「Vote Our Planet（私たちの地球のために投票しよう）」と銘打ち、従業員が選挙に足を運べるようにすることで、自社の姿勢を顧客にも伝えている。

　パタゴニアは、ビジネスやコミュニティなど、自社の持つ資源を活用して、気候危機に対して行動することをホームページにも掲げており、「Vote Our Planet」も目標達成に向けた行動の 1 つだ（図表 2 -42）。気候危機については、SDGs でも目標13「気候変動に具体的な対策を」が掲げられているが、地球温暖化や海面上昇といったグローバルな課題の存在は認識しつつも、その課題の大きさゆえ、「一企業としてどのような行動を起こしていけば良いのか想像ができない」という企業人もいるのではないだろうか。

　そこで、「企業のための SDG 行動リスト ver.1」においては、目標13の達成に貢献する SDG 行動として「気候変動適応への取り組み」を掲げるだけでなく、「調達に関するリスク管理（例えば、シミュレーションによるシナリオ分析の活用等）」「取引先の気候変動問題への理解と取り組み（計画）の確認」「事業所を水害の少ない場所に選定」「ハザードマップを活用した避難訓練の実施」「避難ガイドラインの策定」といった具体的な行動を明示している。これらの行動は、ターゲットで言えば、13.1「すべての国々で、気候関連の災害や自然災害に対するレジリエンスと適応力を強化する」に該当する。このように、様々な行動が考えられるが、気候危機にビジネスとして向き合うパタゴニアは、一体どのような取り組みを行っているのだろうか。

　今回は、同社が掲げるコアバリューの 1 つ「不必要な悪影響を最小限に抑える」ために、日本支社のオペレーションにおける環境・社会インパクトの削減に関するプログラムを担当されている篠健司

さん（環境社会部ブランド・レスポンシビリティ・マネージャー）に、お話を伺った。

"サプライチェーンを含めたカーボンニュートラルの達成"

パタゴニアは、2025年までにサプライチェーンを含む事業全体にわたってカーボンニュートラルになることを目標に掲げている。まずは、この野心的な目標を設定した背景から理解する必要がある。2020年10月に、政府は2050年までにカーボンニュートラル、脱炭素社会の実現を目指すと宣言したが、パタゴニアはそれに先駆けて行動を起こしているのだ。

「2018年12月に弊社は、『気候危機』に直接取り組むために現在のミッションに変更しました。それ以前も、弊社は環境危機を認識し、地球への負荷を減らすことを意識していましたが、あえて目標を掲げることで、人類が気候変動に直面している現状を踏まえて、

2-43 「パタゴニアは、業界をリードする責任がある」と話す篠さん

弊社が取り組む必要があると判断したことを改めて社内外に示したとも言えます」と篠さんは語る。

　パタゴニアの事業活動で排出される二酸化炭素のうち、自社のオフィスや店舗が約3％で、残りの約97％はサプライチェーンが占めている。そのうち、約86％が生地の製造に起因していることも分かっているそうだ。自社が直接関わる部分について店舗やオフィスが排出する二酸化炭素の割合は大きくない。しかし、パタゴニアは、サプライチェーン全体を通じて二酸化炭素を削減することが会社としての責任であり、社会への責任であると考えているという。例えば、生地の調達において、コットンであれば、綿花を育てる過程、つまり原料自体の製造過程までを射程に捉えている。パタゴニアの商品は、自社ブランドの商品を別会社に製造してもらうOEM（original equipment manufacturing）を採用しているため、こうした取引先企業とも二酸化炭素排出量削減への取り組みを協力して進めている。原料や商品の輸送時に排出される二酸化炭素も含めたカーボンニュートラルを達成しようとしているのだ。ほかにも、商品デザインの時点で、環境負荷が少ない素材を使用するように配慮するなど、社内に専門のチームを設け、製品をつくるすべての過程で気候危機に向き合っている。

　アパレル産業は、サプライチェーンに多くの企業が関わる。一見すると、関係するアクターが多いことで、それぞれの利害関係を調整する必要があり、目標達成まで踏み込めないようにも思える。しかし、パタゴニアは関係するアクターの多さを逆手にとって、取引時にパタゴニアからサプライヤーに気候危機への配慮を働きかけることで、下請けに回る多くの企業にも影響を及ぼすことができると考えている。原料を生地にする工場、生地を裁断する工場、防水加

工や染色を行う工場、そして輸送を担う運送会社といった、パタゴ
ニア製品に関わるすべてのステークホルダーが一体となって、目標
達成に向けて取り組んでいるのだ。

"気候危機に向けた具体的な取り組みの数々"

　それでは、前述の目標達成に向けて、パタゴニアは具体的にどの
ような取り組みを行っているのだろうか。

　「弊社の製品を作る過程では、できるだけリサイクルマテリアル
を用いて、バージンの原料をできる限り使わないよう心がけていま
す。また、日本支社では、直接電力契約するほぼすべての店舗で電
力会社を再生可能エネルギーに切り替えています。その際に、ソー
ラーシェアリング（営農型太陽光発電）に直接投資している点は特
徴的ではないでしょうか」と篠さんは語る。

　作物を栽培する農地の上に架設された太陽光発電システムを用い

図表 2-44　営農型太陽光発電（出典＝パタゴニア）

る「ソーラーシェアリング」を利用することで、大規模な森林伐採などを行わずに、既存の農地を活用して自然エネルギーを生み出すことが可能だ。実際に、パタゴニア東京・渋谷ストアで使用する電力は、2019年4月から千葉県匝瑳市にある発電所から供給を受けているという（図表 2 -44）。

　さらに、研究機関などと共同で、リジェネラティブ・オーガニック認証（以下、RO 認証）の創設に携わっている。RO 認証とは、「放牧を基盤とした動物福祉、農家と労働者への公平性、土壌の健康と土地管理に関する厳格な要件を幅広く取り入れた包括的農業認証システム」である。パタゴニアは、アパレル製品に用いる原料や、スープやフルーツバーなどを販売する「パタゴニア プロビジョンズ」に用いる食材の栽培法として、RO 認証に基づいた農業を推進することで、農地の土壌を回復させながら、大気中から二酸化炭素を回収しようとしている[79]。

　それだけではない。「Worn Wear」と題したプラットフォームを2013年から立ち上げている。商品の修理サービスだけでなく、顧客から中古のパタゴニア製品を買い戻し、リサイクルした製品をWorn Wear で販売するなど、できる限り長く製品を顧客に使ってもらえるよう工夫している（※2021年現在、日本未展開）。このように、耐久性の高い製品をつくることで、その製品のライフサイクルから生じる環境負荷を減らすことができる。つまり、品質を高めることこそ、環境問題の解決に直結するのだ。

　こうした取り組みの背景に、パタゴニアが、アパレルブランドで

79　パタゴニアホームページ「気候危機」https://www.patagonia.jp/climate-crisis/

ある以前に、品質が利用者の安全に直結する登山具製造から始まった会社である歴史が関係している。まずは、リペアなど製品の寿命を長くするという姿勢が第一にあり、リサイクルはあくまでも最後の手段と捉えている。顧客が耐久性のある商品を購入し、自分の子どもにも受け継がれて使われることこそパタゴニアが目指す理想的な姿であり、こうした姿勢は、アパレル業界全体に影響を及ぼすだろう。

　パタゴニアでは、カーボンニュートラルの達成に向けた取り組みを始める以前から、サプライチェーンの透明性を重視し、フットプリント・クロニクルというプロジェクトを実施し、製品のエコロジカル・フットプリントを開示していた実績があった。こうした取り組みの中で、自社製品の原材料を精算する農場等までサプライチェーンを遡る必要性を感じていたという積み重ねが背景にあるのだ。アパレル産業の中でも、自社と直接やり取りのある問屋を起点とするのではなく、生地の調達といった段階まで考えを巡らせてみると、自社が起こせるアクション幅がぐっと広がる。

　ほかにも、パタゴニアは、小売大手のウォルマート社らとともに「Sustainable Apparel Coalition」を設立し、持続可能性を測るメカニズムとして、HIGG インデックスという指標を社外に提供している。中小企業で個別に自社の指標を策定するなどのリソースが確保できない場合でも、HIGG インデックスを用いて、アクションを起こすことが可能だ。また、使用される化学薬品、染色および仕上げ加工用の原料を審査するブルーサインと呼ばれる認証[80]に適

80　パタゴニアホームページから引用「ブルーサイン」https://www.patagonia.jp/our-footprint/bluesign.html

合するようサプライヤーに求めるなど、パタゴニアは気候危機への対策を徹底するために、自社だけで満足することなく、ステークホルダーまでを見通した共鳴を起こそうと努力を続けている。

"持続可能な開発とビジネスは結びついている"

こうした先進的なアクションを次々と起こすパタゴニアだが、自社の取り組みと SDGs との関係をどのように考えているのだろうか。

「SDGs が掲げる17の目標に弊社の事業が貢献している部分はありますが、自社の取り組みを分析して公表してはいません。ただし、私たちがアパレルブランドであり、食品も扱う企業であるということを踏まえた上で、自然保護を推進するためにも、自社のバリューと重なる部分では SDGs を注視しています。特に、日本のSDGs 達成度を見ると、目標13「気候変動に具体的な対策を」、目標14「海の豊かさを守ろう」、目標15「陸の豊かさも守ろう」といった目標は、弊社の環境アクティビズムのフォーカスに直結しています」と篠さんは話す。

こうした一連の気候危機への対策に取り組んだことで、2019年に「国連地球大賞（UN Champion of the Earth Awards）」をパタゴニアは受賞している。ほかにも、若者世代が気候危機への対策を学ぶ場として、「クライメート・アクティビズム・スクール」と題したプログラムを、15歳〜24歳の若者に提供するなど、その活動はとどまるところを知らない。

2020年には、新型コロナウイルスの感染拡大が自社のビジネスに影響することもあったと言うが、気候危機への姿勢は一貫している。

「いわゆるパンデミックが起こる可能性も、気候変動もその可能性は以前から指摘されていましたが、具体的な行動を十分に起こして来なかったとも考えられます。SDGs の広がりをきっかけに、そういった認識を持つ人が増えてきた事実も踏まえながら、自社の行動を考えていきたいと思います」

　最後に、気候変動への対策を検討する企業に対して、篠さんからメッセージを預かったのでご紹介したい。

　「気候危機という表現が広く知られつつあるように、あらゆる企業が行動すべき時にきています。こうした目標の達成に向けて、パタゴニアが参加する『一般社団法人コンサベーション・アライアンス・ジャパン』として、『アウトドア気候アクション・コレクティブ』を発足しましたので、参考にしていただけたら嬉しく思います」

　このプログラムでは、同業種の企業にとって気になる具体的な優良事例を共有する機会も作る予定だ。このように、パタゴニアは自社だけでなく、幅広いステークホルダーを想い、行動を起こしている。今後は、パタゴニアの姿勢に影響を受けた企業が、この想いをつなげていくはずだ。

◆ SDG 行動リストの該当箇所と更に強化できるポイント

ターゲット	カテゴリー	サプライチェーン・プロセス	SDG 行動	具体的行動の例
13.1	気候変動	共通	気候変動適応への取り組み	・ハザードマップを活用した避難訓練の実施 ・避難ガイドラインの策定 ・調達に関するリスク管理（例えば、シミュレーションによるシナリオ分析の活用等） ・取引先の気候変動問題への理解と取り組み（計画）の確認 ・事業所を水害の少ない場所に選定

第1章　第2章　第3章

　本事例は、SDG 行動リストの中で、「気候変動適応への取り組み」に該当する取り組みである。パタゴニア社は、「取引先の気候変動問題への理解と取り組み（計画）の確認」にも取り組み、自社だけでなくバリューチェーン全体、そして業界全体に影響を与えている。具体的な行動の例で示されたほかの取り組みで言えば、店舗や事業所を構える場所を水害の少ない場所に選定することも、1 つの方法と言えるだろう。

コラム2 SDGs から未来のビジネスを考える

　企業のサステナビリティを高めるためのコンサルティングサービスや、映像制作を通じた SDGs の教育を展開する会社を経営し、著書『SDGs が生み出す未来のビジネス』（インプレス）を出版するなど多方面で活躍する水野雅弘さん。

　水野さん自身は、札幌、鎌倉、南紀白浜と多拠点で暮らしながら事業を続けている。その理由を尋ねると、「以前は私も都心に暮らしていましたが、約10年前から南紀白浜と鎌倉の 2 拠点で居住するようになりました。その理由は、都市部で暮らしていては分からない地方のサステナビリティについて体感することです。南紀白浜で

2-45　都市だけでは SDGs は語れないと水野さんは語る

あれば、熊野古道のような世界遺産の潜在的な価値を発見すること
もできますし、農業をはじめとした一次産業の方々と関わる機会を
得ながら、地方がどのようなことで苦労しているかを体感すること
で、ビジネスを通じて解決策を模索するヒントになります」と語
る。

　このように、地方と都市の複合的な視点からサステナビリティを
見つめる水野さんに、SDGs とビジネスについてお話を伺った。

①なぜ、企業のビジネスが SDGs の達成を目指すべきなので
しょうか？

　2 つの理由を挙げることができます。1 つ目は、リスクとポテン
シャルの俯瞰的な視点です。例えば、資源調達の問題や労働人権の
問題といったように、企業は様々なリスクに直面します。予測不可
能な現代社会では、これらのリスクに対応し、持続可能性を企業の
中で高めていく必要があります。

　2 つ目は、企業が本業と社会課題市場のつながりを考える上で、
SDGs がその指針となり得るからです。物質的に豊かになった日本
社会では、モノ消費からコト消費への転換が指摘されています。し
かし、それ以上に、商品の背景に存在する経済的、社会的、環境的
な影響や問題が、人の購買行動を左右するようになっています。企
業人が自分たちの事業を考える際に、「この商品は社会に良い影響
をもたらすか？」といった思考は、顧客との「共感」を育み、商品
のマーケティングやブランディングにも有効に作用します。倫理的

にも商品開発における「透明性」と、商品購入を通じて社会に貢献できるという「共感」が揃うと、その製品を販売する企業への信頼が高まります。

多くの企業は経営理念をお持ちですが、事業活動を通じて自社は「社会から見てどのような存在意義があるか」という「パーパス」を大切にすることが、持続可能性を高めたビジネスを実現する上で重要になるでしょう。

②「SDGsに取り組みたいけれど、何から始めたら良いか分からない」という企業担当者は、どういったことを意識して動くと良いでしょうか？

まずは、SDGsのアイコンを自社の取り組みに貼り付けるという考えではなく、SDGsに貢献できる事業を洗い出すことがはじめの一歩です。その時には、立場や役職に関わらず、従業員一人ひとりが、最も危惧している社会課題を考えてください。経営者だけではなく、一人ひとりの従業員が最も重要と意識する目標を挙げることがポイントです。そこで出た課題意識を切り口にして、従来の延長ではないパーパスから新規事業を考えてみることもできるはずです。

③これからSDGsの導入を検討している企業の経営層に向けてメッセージをお願いします。

　自社のパーパスを明確にして財務基盤を整え、社会課題マーケットを切り拓いてください。そうすることが SDGs の達成にも貢献します。そして、従業員、株主、投資家といった限られた関係者ではなく、多様な主体との信頼関係を作っていくことで、企業価値を高めることができるはずです。

水野 雅弘 Mizuno Masahiro

株式会社 Tree 代表取締役

株式会社 Tree 代表取締役社長。顧客マーケティングの先駆者として、米国からコールセンターや CRM を日本市場に導入。銀行や保険などのダイレクトビジネスのコンサルティング実績を積んだ後、活動テーマをサステナビリティにシフト。グローバル環境映像メディア「Green TV Japan」のプロデューサーを経て2016年、SDGs 達成に向けた教育メディア「SDG.TV」を開設。教育からビジネスの変革を進める "トランスフォーマー" として活躍中。

2．取り組みを進める上でのボトルネック

　第2部では、ここまで10の事例を通じて、「企業のための SDG 行動リスト ver.1」を用いると、どのように企業が SDGs に取り組んでいると整理できるかをご紹介してきた。こうした取り組みを推進していくために、注意しなければならないことを2つ挙げたい。それが、社内浸透と SDGs ウォッシュである。

（1）社内浸透

　SDGs の取り組みを進める中で、もっとも難しいのは社内への浸透でないだろうか。GCNJ（グローバル・コンパクト・ネットワーク・ジャパン）と IGES（公益財団法人地球環境戦略研究機関）は、会員企業・団体を中心とする SDGs の認識や取り組み状況に関する共同調査を行い、その結果を毎年公表している。2021年3月に公表された5年目となる調査結果[81]によれば、2016年度に27.9％だった経営陣の認知度は、前年（2019年）には77.4％、今年（2020年）は85.1％と上昇を続けている。同様に、中間管理職への定着も前年の32.8％から43.8％へ着実に上昇している。また、従業員にも定着していると答えた企業は前年の21％から37.5％と上昇しているものの、経営層と比較すると低いのが現状だ。日経リサーチが2019年6月に、20歳以上の男女1000人を対象に行った調査結果では、認知度が37％、ビジネスパーソンに限ると44％であったことと比較しても、企業の従業員への SDGs の浸透は、全体的にはなかなか難しいというのが現実のようである。

81　公益財団法人地球環境戦略研究機関・Global Compact Network Japan
　（2021）「コロナ禍を克服する SDGs とビジネス〜日本における企業・団体の
　取組み現場から〜」

Q. 貴社・団体内でのSDGsの認知度向上のために、どのような活動をしていますか?（複数選択可）	2016	2017	2018	2019	2020
研修 (e-Learningも含む)	24.5%	30.7%	39.4%	53.8%	63.0%
WEBでの周知	24.5%	31.3%	43.9%	56.5%	70.7%
社報など（紙媒体）での周知	27.9%	40.5%	51.7%	61.3%	70.7%
トップメッセージ	27.2%	39.9%	55.6%	65.1%	74.5%
専任組織の立上	1.4%	1.8%	7.8%	13.4%	23.1%
新入社員オリエンテーション	—	22.7%	36.1%	43.5%	54.8%
管理職研修	—	14.7%	23.9%	35.5%	41.8%
業績評価への連動	—	0.6%	1.7%	1.6%	6.3%
行動憲章・行動規範への掲載	—	3.7%	5.0%	14.5%	24.0%
経営方針説明会などでの言及	—	16.6%	31.7%	39.8%	51.0%
SDGsバッジなどのグッズの社員への配布	—	—	26.7%	44.6%	51.4%
啓発ポスターなど	—	—	10.0%	14.0%	17.8%
外部セミナーへの参加	—	—	—	54.3%	56.7%
その他	20.4%	21.5%	23.9%	20.4%	11.5%

Q. 貴社・団体内でのSDGsの認知度について、あてはまる状況を下記より選択してください。（複数選択可）	2016	2017	2018	2019	2020
主にCSR担当に定着している	83.7%	85.9%	84.4%	77.4%	84.1%
経営陣に定着している	27.9%	36.2%	59.4%	77.4%	85.1%
中間管理職に定着している	5.4%	9.2%	18.3%	32.8%	43.8%
従業員にも定着している	—	8.0%	16.7%	21.0%	37.5%
関連会社などステークホルダーにも定着している	2.7%	2.5%	4.4%	7.0%	11.5%
わからない	11.6%	6.7%	2.8%	2.2%	0.5%

図表 2 -46　左：SDGs の認知度、右：SDGs の認知度向上のための活動
（出典 =「コロナ禍を克服する SDGs とビジネス」）

　では、実際には、それぞれの企業は、社内における SDGs の認知度向上のためにどのような活動を行っているのだろうか。この点についても、CGNJ と IGES の共同調査から明らかになっている。企業内での社内の認知度向上のための活動は、ほぼすべての項目で増加しており、前年（2019年）から10%以上の伸びを示したのは、WEB での周知が56.5%から70.7%、新入社員オリエンテーションが43.5%から54.8%、経営方針説明会などでの言及が39.8%から51%になっている。

　では、SDGs への取り組みで産業界でも評価の高い企業は、どのようにしているのだろうか。別の日経リサーチの調査では、企業のSDGs の担当者から、事業による SDGs への貢献が優れている企業を挙げてもらっているが、そのトップはオムロン株式会社であっ

た。オムロンの社内浸透の手法でユニークなのは、The OMRON Global Awards（TOGA）と呼ばれる取り組みである。この取り組みは、オムロンの「企業は社会の公器である」という基本理念と世界中の従業員を対象とした日常の業務とをつなぐ理念実践の仕組みである。具体的には、毎年、エリアごとにプレゼンテーションと選考会を実施し、優れたテーマを選出して創業記念日に各取り組みを発表し、グローバルに配信される。「社会に対してどう価値を生み出していくのか」「価値の創造に向けていかに発想を変えるか」など、理念実践に関する積極的なテーマが多く発表され、社員に多くの共感・感動を呼んでいる。

同調査で6位のトヨタ自動車株式会社は、事例でも紹介したように、「You の視点」を持つ人財を育てることが SDGs 社内浸透につながるという。2020年5月に行われた2020年3月期決算説明会における社長会見で、SDGs への本気での取り組みを明確にした同社であるが、その中で「You の視点」という言葉が使われている。会見では、地球環境も含めて感謝しあえる関係を作り、企業も人間もどう生きるかを真剣に考え行動を変えていくことが必要であること、自社の使命は、世界中の人たちが幸せになるモノやサービスを提供すること、つまり「幸せを量産すること」だと思っていること、そのために必要なことは、世界中で、自分以外の誰かの幸せを願い、行動することができる人財、「You の視点」をもった人財を育てるということ、そして、これは、「誰一人取り残されない」という SDGs に本気で取り組むことでもあるとの考えが表明された。この会見以降、同社では、株主総会や何か発表がある際には積極的に SDGs を使うなど、社内での認知は高まっており、社員に向けても研修を実施したり、社内の事業活動への織り込みを図ったりしてい

るという。さらに、同年11月に行われた、同社ではこれまで社長が出席したことのない、いわゆる中間決算（2021年 3 月期 第 2 四半期 決算説明会）にも社長が出席し、豊田綱領から続くトヨタのフィロソフィーは SDGs の精神そのものであり、このフィロソフィーに基づいた経営をすることこそが、SDGs に持続的に取り組むことにつながるとの考えを明らかにしている。

　これらの企業に共通しているのは、企業トップの SDGs への取り組みに対する強いコミットメントである。トップメッセージ、とりわけトップの強いコミットメントは、SDGs の社内浸透には不可欠である。しかし、それだけでは、大企業になればなるほど社内への浸透は困難になる。調査対象の売上規模1000億円以上の企業が65.9％を占めている国内大企業向けの CGNJ と IGES の共同調査でも、経営陣の認知度は85％と高い値を示しているのに対し、中間管理職と従業員の認知度はそれぞれ43.8％、37.5％であり、経営陣よりも低くなった。社内浸透に向けては、多くの社員が共有していると考えられる企業理念や社訓と関連付けて説明したり、それらとの関連を意識したり共有したりする仕掛けが重要になる。従業員にとってみれば、自分が現在行っている仕事との関連が認識されない限りは、SDGs は社会にとって素晴らしい取り組みだとは理解できても、仕事をするうえで「自分ごと」とはならない。大切なのは、従業員一人ひとりが理解できるような平易な言葉で、それぞれの業務と SDGs との関わりを丁寧に説明することであり、強制的だとは受け止められないような外発的動機付けのきっかけとなる仕組みの構築である。それは、ワークショップの場合もあるだろうし、ゲーミフィケーションの応用の場合もあるだろう。要は、それぞれの企業が持っている独自の企業文化に照らして、相応しいと考えら

れるような仕組みを導入することである。そして、仕事との関連が多くの従業員に認識されSDGsについての理解がある程度進んだ段階で、具体的な行動に移るために少しだけ背中を押してあげるようなナッジを組み込む。それは、表彰制度の場合もあるだろうし、従業員個々人のSDGsの取り組みに関するプレッジを登録するようなものであるかもしれない。業績評価への連動も、様子見を決め込んでいた従業員には有効だろう。ともかく一生懸命にSDGsに取り組んでいる従業員に、企業として他の従業員にも分かるような成功体験を付与することが重要である。自分が良いことをしているという思いやそれを会社が評価してくれているという認識は、SDGsへの取り組みに対する内発的動機付けにつながり、結果として従業員の幸福や職場でのより高いパフォーマンスの発揮につながるのである。

（2）広報とSDGsウォッシュ

　SDGsに取り組む企業にとって、広報とSDGsウォッシュとの関係は悩ましいものではないだろうか。企業にしてみれば、自社がSDGsに積極的に取り組んでいることをアピールしたいと考えることは当然であるし、また、投資家、消費者、従業員や地域社会など様々なステークホルダーに対しての適切な情報開示は必要とされている。

　その一方で、自社の取り組みに関する広報の仕方によっては、SDGsウォッシュといわれる危険をはらむこととなる。SDGsウォッシュとは、SDGsにホワイトウォッシュ（体裁の良いごまかし）を加えた造語であり、1980年代頃から使われてきたグリーンウォッシュ（内実が伴わないのに環境配慮しているように見せること）に

なぞらえたもので、同様に極めてネガティブなイメージを持つ言葉
として使用される。UNGC と GRI が製作した「SDGs を企業報告
に統合するための実践ガイド」（以下、実践ガイド）[82]によれば、
SDGs ウォッシュとは、グローバル目標である SDGs への積極的な
貢献のみを報告し、重大な負のインパクトを無視することを意味す
るとされている。また、最も優先順位の高いものではなく、企業に
とって最も簡単なものに基づいて SDGs のゴールとターゲットを
選択することを意味するチェリーピッキング（良い所どり）とあわ
せて、両者を排除すると明記されているのである。

　実践ガイドでは、SDGs の報告は、GRI や SASB など確立された
国際的な報告枠組みに基づいて効果的に行い、幅広いステークホル
ダーとのエンゲージメントのために必要な情報を検討し、目標の進
捗を評価し改善策を含めて報告し改革を実行するという一連のサイ
クルを提唱している。しかし、このように理想的なサイクルとして
国際的な報告枠組みを活用して報告できる企業は限られている。
CGNJ と IGES の共同調査でも、SDG Compass の「ステップ 5：
報告とコミュニケーションを行う」にまで届いている企業は、わず
か20.2％に止まっている。この調査の回答企業の65.9％ は、売上規
模1000億円以上であり、73.6％ がグローバル市場で事業展開してい
ることを踏まえると、大多数の企業にとってはそこまでの取り組み
は難しいのが現実だろう。

　SDGs ウォッシュを、商品・企業広告やプロモーションの視点か
ら留意すべき点を整理したのが、2018年 6 月に電通が発表した

82　IGES・UNGC・GRI（2019）「SDGs を企業報告に統合するための実践ガ
　　イド」

「SDGsコミュニケーションガイド」[83]である。SDGsコミュニケーションガイドでは、SDGsによる広告コミュニケーションは社会や顧客からのレピュテーションを獲得し企業価値を向上させるとした上で、SDGsウォッシュが生活者と個別の企業との信頼性を損なうことや投融資先としての企業の魅力を毀損するといった企業にもたらす負の影響を明らかにし、SDGsウォッシュの回避・人権への配慮のために7つのチェックポイント（①根拠がない、情報源が不明な表現を避ける、②事実よりも誇張した表現を避ける、③言葉の意味が規定しにくいあいまいな表現を避ける、④事実関係性の低いビジュアルを用いない、⑤言葉本来の語源を調べてから表現に用いる、⑥広告表現に登場している人たちや集団の表現方法が適切かどうか検証する、⑦各国で価値観・文化の相違があることを認識しておく）を挙げている。SDGsウォッシュおよび人権の多義性・あいまい性についての4つの整理（国や地域、人々の意識や宗教によっ

(3)-5 SDGsウォッシュの回避・
人権への配慮のためのチェックポイント

SDGsウォッシュを回避するために

①根拠がない、情報源が不明な表現を避ける
・根拠となる資料の信頼性が希薄な場合、あるいは検証材料がない場合

②事実よりも誇張した表現を避ける
・それほどでもないSDGsへの取り組みを大きく強調して訴求したり、小さな取り組みを大げさに取り上げるケース
・法律で規制されている事項を、自主的に配慮しているように表現するケース

③言葉の意味が規定しにくいあいまいな表現を避ける
・言葉の意味が規定しにくく、SDGsへの対応の具体性に欠けるコピーワークなど

④事実と関係性の低いビジュアルを用いない
・SDGsへの配慮の事実がないにもかかわらず、「貧困」「教育」等の写真でSDGsイメージの付与・増幅を狙うことなど

人権への配慮

⑤言葉本来の語源を調べてから表現に用いる
・宗教的背景などによって、言葉の意味が違う場合もあり得ることに注意

⑥広告表現に登場している人たちや集団の表現方法が適切かどうか検証する
・ステレオタイプな役割やイメージ、先入観、差別意識などが表現されていないかどうかをチェック

⑦各国で価値観・文化の相違があることを認識しておく
・歴史や民族に対する評価・理解は、国や民族等によって大きく異なることを意識する

図表2-47　SDGsウォッシュを回避するポイント
(出典＝電通「SDGsコミュニケーションガイド」)

83　電通（2018）「SDGsコミュニケーションガイド」

て判断基準は異なる、時代や社会の風潮により判断基準は変化する、企業規模や業界などにより判断基準は変化する、マイナス・インパクトも踏まえて、SDGsの目標全体としての判断を心がけたい）も含めて、SDGsの取り組みに関する広報をしようとする場合に参考になる。

そして、企業のSDGsへの取り組みを評価する仕組みの開発も進んでいる。国際的には、UNDPが進める「SDGインパクト」がある。この取り組みは、SDGs達成に向けた民間資金の流れを拡大するため、SDGsに資する投資や事業のガイドラインや世界基準を策定し、それらの基準に適合した案件を第三者機関が認証しようとするものである。SDGインパクトには、「プライベート・エクイティ（PE）ファンド向け」、「SDGs債向け」及び「事業向け」の3つの基準があり、2020年11月に事業向け基準の草案が公開された。それによると、基準は4つの基本的な要素（戦略、マネジメントアプローチ、透明性、ガバナンス）で構成され、その下に実践指標が位置づけられるようであり、2021年の第二四半期には最初のものが公表される予定である。グローバルな企業は、SDGsウォッシュのレピュテーションリスクを回避するためにも、このような認証を積極的に取得することも検討すべきと考える。

また、日本国内でも、様々な自治体がSDGsの取り組みにかかる登録制度や認証制度を整備している。神奈川県の「かながわSDGsパートナー」や長野県の「長野県SDGs推進企業登録制度」をはじめ、その他の様々な都道府県や市町村で整備が進みつつある。国も、このような展開は、キャッシュフローを含めて地域の課題解決に向けての自律的好循環の形成につながると考え、地方公共団体の登録・認証制度の構築を支援しようと、「地方創生SDGs登

第1章

第2章

第3章

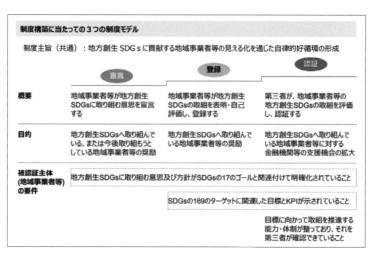

図表 2 -48　制度構築に当たっての３つの制度モデル
（出典＝内閣府「地方創生ＳＤＧｓ登録・認証等制度ガイドライン」）

録・認証等制度ガイドライン」を2020年10月に公表している。その中で示されている制度構築に当たっての３つの制度モデル（宣言、登録、認証）ごとの地域事業者等の要件は、それぞれの段階に応じて企業がSDGsに取り組む際にどの程度やればよいのかといった１つの目安を提供しており、とりわけ中堅企業や中小企業にとって非常に参考になると思う。

　ただ、SDGsウォッシュへの正しい理解の獲得やそれに基づく確認や認証は重要であるが、SDGsに関わる広報の重要性を考えると、必要以上に守勢になることは却って多くのステークホルダーの利益を損なうこととなる。要は、自社の企業規模から考えて、それに見合った目標設定を含めたSDGsへの取り組みを行っているならば、誠実にその事実を伝える、そしてSDGsウォッシュとの批判を受けた場合には、誠実に対話を重ねて理解してもらう、また、改善すべきところがあれば改善して公表する、ということに尽きる

と考える。

　次章では、SDGs の達成に向けて、求められる企業の姿勢などについてまとめていく。

第2章

第 **3** 章

SDGsの達成に向けて

コロナの先の SDGs 達成へ向けて

　これまでのところ、SDGs に対する企業の取り組みは目標自体へ
のコミットメントを示すというよりも、目標が示唆する活動との関
連性を示す、つまり「紐付け」に終始する企業が多い。しかし
SDGs が、国連全加盟国が合意した「みらいのカタチ」を表してい
るものだとすれば、紐付けにとどまらずに、本業を通じた目標達成
への貢献をいかに成し遂げられるかが重要になることは言うまでも
ない。つまり、次なる一歩をどう踏み出すかが、今後「みらいのカ
タチ」を先取りし、ビジネスとして他と差別化するうえで重要にな
る。逆にこうした企業が出てこないのであれば、人類と地球の未来
のために規制を行うことも考えられる。そうなるまえに自由な取り
組みで先手を打つにはどうすればよいだろうか。

　カギは、「SDGs を全体として一体のものと考える」ことである。

　これは、2030アジェンダで繰り返し強調されているポイントであ
る。極端な例を言えば、雇用を増やして経済成長に貢献しているか
ら目標 8 に貢献している、といっても、その活動によって二酸化炭
素の排出量を増やしてしまっていては目標13の達成の足を引っ張る
ことになる。これではいつまでたっても持続可能な社会は到来しな
いし、BAU（Business As Usual）にとどまってしまい差別化もで
きない。

　17の目標すべてに対してプラスの効果をもたらすというのは難し
いとしても、少なくともマイナスの効果を出さない、あるいは、出
していたとしてもそのマイナス効果を解消することの必要性を認識

し、そのための目標や方策を立てていくことが求められてくる。そうして初めて、持続可能な社会へ向けた変革が実現できることになる。

　この意味での変革のためには、自社の努力だけではおぼつかない点も多々あるだろう。いくら自社の活動の及ぶ範囲内で努力をしたとしても、素材が変わらなければできないこともある。あるいは、やろうと思っても、コストの差が大きく手が出せないということもある。そうなると、業界や社会全体の取り組みや、政策の問題がクローズアップされてくる。

　こうしたことを考えていくと、SDGs を本気で達成しようと思うのであれば、業界全体での協調や標準化、基準作り、そして、政策とのパートナーシップが次第に重要になってくることがわかるであろう。慶應義塾大学 SFC 研究所 xSDG・ラボ・xSDGs コンソーシアムの本来の目標もここにある。先進事例の創出で先導しながら、ゆくゆくは基準をつくって、SDGs で先行する企業が得をする仕組みを作り出す。客観的な基準作りにおいては、学術が担う役割も大きいはずである。そうすることで、社会全体が動いていくであろうし、パートナーシップで目標達成を実現するという目標17の実現が意味を持ってくる。

　こうした変革への道のりはまだ遠いものと思わざるを得ない状況が続いていた。しかし、2020年に入り、期せずしてその千載一遇のチャンスが訪れてきた。新型コロナウイルスによるパンデミック（以下、コロナ禍）である。コロナ禍は、多くの犠牲を生み出したばかりでなく、社会にも大きな傷跡を残すとんでもない出来事であった。コロナ禍により、それまでの持続可能でない社会システムが明らかになり、経済活動や社会活動が止まることになった。しか

し、それは逆に、「持続可能な社会システム」の重要性を明らかに
もした。コロナ禍に唯一プラスの効果があったとすれば、持続可能
な社会システムの構築が、必須かつ喫緊の課題であることを改めて
明らかにしたということである。

　では、コロナ禍を機に、どのような点で変革が加速しようとして
おり、それをいかにして企業行動に結びつければよいのだろうか。

　この疑問にヒントを与えるべく、xSDG・ラボ・xSDGs コンソー
シアムでは、『コロナの経験を踏まえた SDGs 達成へのカギとなる
12の方策』をまとめ、2021年3月に公表した。新型コロナウイルス
が広まる中で、コンソーシアムのパートナー企業や自治体、そして
関係省庁関係者とともに、オンラインで1年間の検討を行ってきた
成果である。回数を重ねたワークショップでは、SDGs の17の目標
と169のターゲット実現へ向けた行動と変革のあり方が、コロナ禍
とこれへの対応によってどのように大きく変わっていくのかに焦点
を当てた。そして、目標、ターゲット毎に、その変化が政策、企業
行動、個人行動にどのように表れるのかを具体的かつ詳細に研究
し、議論を行った。こうしてできた、いわばコロナ禍を経験した
SDGs 達成のための行動変化リストをまとめたのが、『コロナの経
験を踏まえた SDGs 達成へのカギとなる12の方策』である。

　以下、この12の方策がいかなるものかを紹介することを通じて、
コロナ禍を経た時代における SDGs 達成へ向けて求められる企業
の行動を明らかにしていくこととする。

コロナの経験を踏まえた SDGs 達成へのカギとなる12の方策

方策1．オンライン・デジタル技術の活用

　コロナ禍はインターネット及びデジタルデバイスの活用範囲が極

めて大きく、これが SDGs 達成に貢献することを改めて明らかにした。例えば、コロナ禍で盛んになったレストランなどのデリバリーサービスや e コマースのようなオンライン・デジタル技術の活用は、事業の新たな可能性を提供している[84]。これにより、流通にかかるカーボンフットプリントの抑制（目標13）や、多様な働き方（目標 8）、資源効率の向上（8.4、12.2）を実現できる。コロナ禍を経た SDGs 達成では、これらの技術導入に伴うトレードオフを解消しながら、これらの活用を定着、発展させることが重要になる[85]。

　他方、新たな技術の導入は新たな格差につながる可能性も示唆する[86]。デジタル・デバイドが生じないような戦略が必要になる（9.c、目標10）[87]。政策面では、タブレット端末等の家庭への貸与といったデジタル・デバイドが生じないようにする最低限の保証を実施する必要がある（目標 4）。企業にとっては、デジタル・デバイドなどによる教育格差の解消に向けた官民連携が新たな機会を生み出す可能性がある。

　インターネットを活用した対面によらない方法でのビジネスモデルの確立[88]が、こうした技術活用を定着させるためには必要になる。新たな働き方を採用する企業の成長のために、新たな経営や事

84　ILO（2020）: World Employment and Social Outlook 2021: The role of digital labour platforms in transforming the world of work.

85　Bertelsmann Stiftung and Sustainable Development Solutions Network（2020）: Sustainable Development Report 2020, pp.12-13

86　World Economic Forum（2021）: The Global Risks Report 2021, pp.7-8

87　WTO（2020）: E-COMMERCE, TRADE AND THE COVID-19 PANDEMIC,

業活動の方法を確立していくことが重要であるが、その際には、例えば、必要となるエネルギーは再生可能エネルギーで調達する等、17の目標169のターゲットの観点から検証を行うべきである。また、新たなビジネスモデルに即した雇用対策を行うなど、雇用のミスマッチによる貧困の発生にも対応が要求される。政策においてはDX（デジタルトランスフォーメーション）とSX（サステナビリティ・トランスフォーメーション）の統合が重要である。

　さらに可能性を加えるのであれば、国際協力や多国間協調においても、デジタル技術の活用が可能性を広げる。遠隔でも技術支援や交流が可能になる点は留意すべきである（17.16）。

方策2．テレワークの定着化と多様性ある働きかた

　オンライン・デジタル技術の活用をきっかけに、多様な働き方が様々な業種で導入されてきた。テレワークが盛んになったことも、働き方の多様性に貢献する。他方で、テレワークが可能な職種や業種と、それが不可能な、いわゆるエッセンシャルワーカーとなる職種や業種との間に様々な格差が生じないように留意する必要がある。

　オンライン化の促進に伴うインフラ整備や、在宅ワークへの環境整備といった新たな仕組みの導入により、多様な働き方を定着させることが重要である。これは、政策面でも企業における戦略でも、SDGs の求める多様性を力に変えていくためには重要になる。また、企業においてテレワーク促進によってオフィススペース削減を

88　デロイトトーマツ コンサルティング（2020）「新型コロナウイルス感染症（COVID-19）機敏かつ迅速な価格戦略 COVID-19時代の収益管理」

行うようなケースでは、テレワーク推進へ向けてインセンティブを
付与することも必要になろう。これらの方策は、女性の活躍推進
（5.1、5.5）とその定着策と連携させることでシナジー効果を生み
出すことが重要である（目標5と目標8の同時達成）。

　例えば、ライフステージにおいてリモートワークに適した職種
や、そうでない職種の選択可能性が確保できるようにすることなど
が考えられる。また、オンライン商談や営業を可能な部分から導入
したり、勤務時間や勤務地を固定せずに、転勤の有無や労働時間、
リモートワークなどの選択肢を提供できる環境の整備を行ったりす
ることも大事である[89]（12.8）。

　こうしたことを推進するために重要なのは、働き方の変化に対応
した新たな業績評価（5.4）の方法を構築することである。政策的
には、中小企業を中心に、在宅勤務、リモートワークを実施するた
めの資金を用意できない企業への資金面での支援（軽減税などの財
政的措置）策を講じることが考えられる。

　多様な働き方を推進することで、だれもが働きがいのある仕事
（8.5）を行えるようにするとともに、雇用形態の変化に応じた人材
の流動性（9.2）を生み出すことで、貧困対策や誰一人取り残され
ない仕組みを作ることにも留意する必要がある（目標1）。

方策3．都市構造の変化への迅速な対応

　テレワークの隆盛は、都市構造の変化をもたらしつつある。地方
に拠点を移しながら都心の会社に勤務する者や、コロナ禍をきっか

89　厚生労働省（2020）「これからのテレワークでの働き方に関する検討会　報
　　告書」

けとした価値観の変化から地方に移住する者、あるいは本社自体の移転やオフィススペースの削減や移動に伴う転居といった現象が見られ始めている。これは、目標11「持続可能なまちづくり」をはじめとしていくつかのSDGs達成方法に大きな影響を与えることになるだろう。

　人の流れの変化は、都市、都市周辺部、農村部の関係と構造を変える大きなきっかけとなる（3.6）。例えば、地方におけるサテライトオフィスの設置やシェアオフィスの設置や提供は、まちのあり方を変えうる。政策的にも、これまではほとんどゼロだったテレワークを取り入れた変化に対応して都市、都市周辺部、農村部とそれらの相互関係のデザインを行う必要がある（11.a）。これを持続可能な形で行うことはそのままターゲット11.aに貢献することになる。また、都市部で行う必要のない仕事であれば、移住の促進は住宅補助などのコスト減を会社にもたらし、個人レベルでもワークライフバランスの充実や資金の効果的・効率的な使用につながるであろう（8.9、11.1）。

　オフィススペースの変化は、エネルギー利活用のあり方ともシナジー効果を生み出しうる。自律分散的な就業体制は自律分散的なエネルギーを促進しうる（7.2）。例えば再生可能エネルギーの購入、太陽光パネルの設置による創電は会社としての温室効果ガス排出量をオフセットしうるし、災害時のエネルギー利用にも効果を発揮するであろう。会社自体でRE100等に参加し、再エネ調達をすすめるだけでなく、テレワーク勤務者が自宅で使用する電力を会社での使用電力の一部と考える仕組みが出来れば、それを再エネで賄うことを促進することで、再エネ使用量の増大にもつながる。政策にもこうした行動を支援したり、さらには蓄電装置設置へのインセン

る。例えば、e コマースや宅配ビジネスの成長に伴い物流需要が増加していることから、貨物輸送・旅客輸送の垣根を低くし、貨客混載を進めることや、地域に根差した再エネビジネスが増加していることから、再エネ販売益を赤字部門の補填にも活用するシュタットベルケを活性化することも、公共交通機関の維持に貢献する可能性がある。その際には、働き方やニーズの多様化（例えば、出張は削減する一方で、地方移住者が定期的に都心のオフィスに通うなど）に交通機関が対応することも必要になる。

　コロナ禍を機に、マイクロツーリズムの推進やワーケーション推進、オンラインを通じて現地に移動せずに観光する方策[91]といった新たな観光の形態が進展しつつある。変化する顧客のニーズに対応した観光業のあり方を示し、ワーケーションの促進など地方創生と連携した国内の観光需要を刺激する施策の実施が求められる。

方策 6．サプライチェーンの改編

　コロナ禍により、サプライチェーンの分断が起こった[92]ことで、サプライチェーンを見直す機会がもたらされたことが、2020年の国連事務総長による「SDGs 報告書」[93]で報告された。日本にとってこれは、地産地消の活性化や地域の見直し、地方創生にもつながる機会となりうる（2.1、2.3、2.4）。内閣府による「地方創生 SDGs 金融」概念の活用なども組み合わせながら、サプライチェーンを

91　観光庁（2020）「感染拡大防止と観光需要回復のための政策プラン」, pp.3-7

92　Bill & Melinda Gates Foundation（2020）: COVID-19 A GLOBAL PERSPECTIVE 2020 GOALKEEPERS REPORT, pp.4- 5

93　Bertelsmann Stiftung and Sustainable Development Solutions Network（2020）: Sustainable Development Report 2020, p.12

SDGs 達成に貢献するものへと変革する機会としたい。

　サプライチェーンの見直しは、地産地消、食料自給率向上、雇用創出、感染症リスク減少など、多くの SDGs とシナジー効果を持ちうる。サプライチェーンの経由するポイントを少しでも削減するためのシステム構築は感染症リスク削減につながり得るし、フードシステムの転換はスマート農業とも結びつきうる。生産者直販などのビジネスでは、カーボンフットプリントの削減も期待できる。また、品あまり解消のための冷凍保存などの方策も、食品ロス削減効果とのシナジーが期待できる（12.3、12.5）。他方、サプライヤーの改編については、それによる負の効果（例えば海外小規模サプライヤーの切り捨てや、販路の縮小）等の弊害を防ぐ観点を持つことも重要である（12.1）。

　すなわち、サプライチェーンの見直しは17の目標の観点から総合的・多角的に行うことが重要になる（17.11）。

　関連して、コロナ禍で増えたプラスチック使用量の削減をいかに行うかも重要だ。リサイクルや、バイオマス起源プラスチックの活用など、今後さらなる活用が必要となる。普及することで価格も下がることになるが、喫緊の課題であるだけに、政策介入も期待したい。

方策7. 価値観の変化に伴うライフスタイルやビジネス変革への対応

　コロナ禍により一人ひとりの価値観に変化が生じている。家族を中心とした生活や、ベーシックな生活の重要さに、改めて目が向けられている[94]。

　コロナ禍による価値観の変化は、様々な計測や評価に関する指標のあり方も変えるだろう（5.4、17.19）。業績評価でも、評価指標

を変えることで、魅力的な人材を集めることにもつながる（5.5）。経済成長のみに限らず、休暇や育児休業の取得がプラスに評価されたり（5.c）、勤務時間だけでなく時間と内容を勘案した効率性を評価に加えることで、新たな価値観に沿った勤務形態も生まれてくる（8.5、9.2）。透明性の確保（16.6）の観点からは、業務評価指標を労働者の参加によって決めていくことも一案だろう。

　評価は人事だけにとどまらない。事業評価や行政評価でも求められる。経済に偏らず、社会、環境面もバランスよく取り入れた評価が重要になってくる。価値観の変化は、様々なSDGs達成に必要な多様性を認める社会への変革のきっかけにもなる。

方策8．再エネ利用の促進と気候変動対策の経営・政策への統合

　コロナ禍から経済が回復すると、これに伴ってエネルギー需要が増大する。これを支えながら、低炭素から脱炭素へと変革を進める必要がある（7.3、13.2、13.3）。2020年初頭のように、エネルギー市場における価格高騰の影響が小規模電力事業者にかかってくることになると、再生可能エネルギーの拡大にも懸念が生じることから、こうした悪循環を止め、再エネ促進[95]と気候変動対策を主流化することが求められる。

　自然エネルギーを購入することから自社で太陽光などにより電気を作り出す段階に進め、分散的電力システムを構築することで、レジリエントなインフラ構築も進めることが、今後のまちづくりでも

94　内閣府（2020）「新型コロナウイルス感染症の影響下における生活意識・行動の変化に関する調査」
95　United Nations（2020）: UN Comprehensive Response to COVID-19 Saving Lives, Protecting Societies, Recovering Better, p.6

期待されるところである（7.2）。行政はこれを進めるためのインセンティブの導入や強化が必要となる。また、市場価格変動の影響を受けないような再エネ電力調達策を講じることが重要である（7.1）。企業においては、RE100等への参加により、目標を明確にした取り組みを進める一方で、テレワーク勤務者が自宅で使用する電力の再エネ調達を推奨したり、インセンティブを付与する制度を構築することも重要である。

　現在のところ蓄電機能は車に頼るところも大きい。Ｖ２Ｈの機器普及策はますます重要になるし、これによってレジリエンス強化も実現する。災害時などでも分散的に仕事や情報発信をすることを求めるのであれば、電気自動車の普及促進策はこの観点からも重要だ。蓄電技術の開発もコロナの先の世界ではますます重要性が増す。[96]

　デジタル・トランスフォーメーションを活用したエネルギー消費量の算出、可視化、報告を行えるようにすることは、こうした取り組みの進捗を見るうえでも重要になる。

方策９．対面とデジタルを融合した教育

　コロナ禍は教育環境も一変した。とりわけ、2020年春の学期では、小中学校を含めた多くの学校がオンライン教育を導入し、大学などその後もオンライン教育が継続している機関も少なくない。このことが逆に、デジタル・デバイドなど、教育へのアクセス問題が

---

[96]　竹森俊平・中西宏明・新浪剛史・柳川範之（2020）「未来への変革に向けて（サステナビリティ、イノベーション投資）〜リーマンショック後の低成長を繰り返さないために〜」令和２年第６回経済財政諮問会議　提出資料４‐１

依然として存在していることを明らかにした。誰一人取り残さない学習環境の実現は先進国でも重要な課題となっている（4.1）。

デジタル・デバイドが起こらないように教育のデジタル化を進めることが必要である[97]。そのためには費用を公共部門が負担したり、共有可能なデジタルデバイスを増やすことも重要である。共有物については、情報管理と感染症対策に課題もある。

個人レベルでも、電子端末利用への対応や ICT スキルの獲得を進め[98]（4.4、8.6）、その補助機能や教育機能を高めることが、多様な学習者のレベルで必要である。

ユニバーサルかつオンラインとオフラインのハイブリッドな教育環境の整備のためには高速インターネットへのアクセスを含めたインフラ整備により誰一人取り残されない環境整備が必要となる[99]（4.a）。

方策10.　生態系・自然と人間との適切な距離・関係を維持した開発

新型コロナウイルス感染症の原因は、生態系と自然、人間との距離が大きく変化したことにあるともいわれる[100]。したがって、人間も、社会も、生態系も健康でいられる社会（ワンヘルス）の構築

97　持続可能な開発目標（SDGs）推進円卓会議（2020）「SDGs でコロナ危機を克服し、持続可能な社会をつくるための SDGs 推進円卓会議構成員による提言」

98　BertelsmannStiftung and Sustainable Development Solutions Network（2020）: Sustainable Development Report 2020, pp.9-12

99　OECD（2020）「新型コロナウィルス（COVID-19）への都市の政策対応」, p.12

100　公益財団法人地球環境戦略研究機関自然・資源・生態系サービス領域　髙橋康夫（2020）「IPBES 地球規模評価報告書からのメッセージと生物多様性ポスト愛知目標に向けた展望」

が、さらなる感染症対策という意味でも、コロナ禍の先の社会が目指すべきところとなる（3.3）。その意味では、街の中での緑や植栽の在り方も、身近な自然の在り方として捉えなおす必要がある。

　グリーンリカバリー政策により、森や林といった山岳生態系の持続可能な利用の仕組みを導入することは大事だ（15.4）。害獣問題も様々に語られるものの、ジビエの促進策というところまでつながっていないのは、この機に変革すべきであろう。そうしていただいた命について、皮や肉まで無駄なく使わせていただくことは、持続可能な社会づくりにも有効だ。資源を多く消費する牛肉から、昆虫食などへの移行の必要性が語られる一方で、ジビエには目が注がれていないのは残念だ。

　自然生態系の保全活動への参加、ごみの持ち帰りやマナーの遵守などを徹底したりすることも重要だ（14.1、14.2、14.3）。ワシントン条約の遵守や、生態系と人間圏の適切な関係構築を前提とした土地利用策、開発の実施をこの機に行い、こうした活動を評価するシステムを導入することも重要になる（15.5、15.7）。

方策11．BCP の検証と対応

　「次なるコロナ」「次なる災害」を避ける努力は続けるべきであるが、リスク管理上、これらは避けて通れないものと捉え、備えを十分行うこともまた、重要である。コロナ禍の教訓をダイレクトに生かし、持続可能性を高める試金石ともいえる。「100年に一度」と言われる災害等であっても、場所を変え、時期を変え、毎年のようにこうした災害も襲っているのが現状である。これらを現実的なリスクとして捉え、BCP（Business Continuity Plan、事業継続計画）を策定する必要がある（1.5、13.1）。

　早期警告システムをきちんと配備する[101]とともに、情報共有体制を整えることが重要である。これは、多国間に限らず、国、自治体などあらゆるレベルで必要なことであり、パートナーシップ構築の基盤ともなる。また、災害に乗じて起こるデマなどに対処し、不要な差別や暴力を排除し、目標16を実現していくためにも、正確な情報を的確に流すルートや情報共有の確保は極めて重要である。

　コロナの先ということを考えれば、感染症に配慮した避難マニュアルづくりとその実施体制整備を行うことも早急に行うべきだ。その際には災害連携協定等、官民が連携した体制を整備することも重要になる（11.5、11.b）。

　そして、医療体制の充実である。ターゲット3.8のユニバーサル・ヘルス・カバレッジ（UHC）の実現は、日本でも克服すべき課題であることが、コロナ禍で明らかになった。遠隔医療のための技術開発と実現体制の促進と整備を含め、UHC の実現は持続可能な社会実現の基盤となる[102]（3.2、3.d）。

方策12.　感染症対策の徹底

　コロナの先へ向けた教訓として最後に取り上げるのは、感染症対策を持続的に進めることである。換気システムの導入、時差出勤やテレワーク等の体制を持続可能にすることで、新型コロナウイルス以外の、例えばインフルエンザ等にも関係する感染症対策は継続することになる（3.1、3.2、9.1、11.2）。

101　外務省（2020）「『誰の健康も取り残さない』ための我が国の協力 –世界のＵＨＣ達成に向けて–」
102　Bertelsmann Stiftung and Sustainable Development Solutions Network（2020）: Sustainable Development Report 2020, pp.9-12

コロナが一定程度収束しても、感染症対策に関するガイドラインを整備し、徹底することは重要だ。これは、災害対策やレジリエンス強化策と同レベルで重要になるといって良い。BCPに大規模な感染症の発生に対する項目を追加するなど、危機管理能力を強化することが求められる（8.10）。

　また、判断基準（ランク付け等）の導入も検討すべきである。感染症対策を考慮した調達基準整備などを行うことで、より持続可能性が高まるだろう（12.7）。

　感染症対策を徹底するために、当面は使い捨てプラスチックの使用が増加することが想定される。そのため、バイオマス起源のプラスチックやリサイクルプラスチックの導入等、代替策を検討する必要があることは、すでに述べたとおりである（14.1）。

「その先」のSDGs達成へ向けて

　コロナ禍は、経済一辺倒の成長という考えを一新し、経済、社会、環境の持続性を念頭に、これら三側面におけるバランスの取れた成長を実現しない限り、21世紀の人類の繁栄はあり得ないことを浮き彫りにした。

　『コロナの経験を踏まえたSDGs達成へのカギとなる12の方策』をまとめていくと、カギとなるキーワードは、「グリーン」と「多様性」にあることがわかる。グリーンは、いうまでもなく環境のことであり、地球のことである。地球に住み続けるために、グリーンな復興を行うことが重要だ。「多様性」は、人と人との関係を多様にすることから始まり、仕組みや制度を多様にしたり、作り方を多様にしたり、いろいろな意味がある。すなわち、社会に関するものであり、人と人の関係について、多様性を力に変えていくことだ。

　つまり、コロナ禍が訪れる前も、コロナ禍の後も、重要なことは変わらない。経済・社会・環境という 3 つの持続可能性を平等に重視し、グリーンや多様性を力に変える経済を作り上げることである。コロナ禍の前後で行動の方法は変わるし、社会のあり方も変わる。しかし、持続可能な社会を作る到達点は、それほど大きく変わるものではない。

　SDGs はコロナの先の社会へ向けて、道しるべとなる普遍的な目標なのである。

企業のための SDG 行動リスト ver.1

SDGs		新訳ターゲット	カテゴリー	サプライチェーン・プロセス
Goal 1 （貧困）	1.2	2030年までに、各国で定められたあらゆる面で貧困状態にある全年齢の男女・子どもの割合を少なくとも半減させる。	経営・管理	調達
			経営・管理	販売
Goal 1 （貧困）	1.3	すべての人々に対し、最低限の生活水準の達成を含む適切な社会保護制度や対策を各国で実施し、2030年までに貧困層や弱い立場にある人々に対し十分な保護を達成する。	労働・人権	共通
Goal 2 （飢餓）	2.1	2030年までに、飢餓をなくし、すべての人々、特に貧困層や乳幼児を含む状況の変化の影響を受けやすい人々が、安全で栄養のある十分な食料を一年を通して得られるようにする。	経営・管理	生産
			経営・管理	共通
			経営・管理	販売
Goal 2 （飢餓）	2.3	2030年までに、土地、その他の生産資源や投入財、知識、金融サービス、市場、高付加価値化や農業以外の就業の機会に確実・平等にアクセスできるようにすることなどにより、小規模食料生産者、特に女性や先住民、家族経営の農家・牧畜家・漁家の生産性と所得を倍増させる。	経営・管理	調達
Goal 2 （飢餓）	2.4	2030年までに、持続可能な食料生産システムを確立し、レジリエントな農業を実践する。そのような農業は、生産性の向上や生産量の増大、生態系の維持につながり、気候変動や異常気象、干ばつ、洪水やその他の災害への適応能力を向上させ、着実に土地と土壌の質を改善する。	環境マネジメント	生産
Goal 2 （飢餓）	2.5	2020年までに、国地域、国際レベルで適正に管理・多様化された種子・植物バンクなどを通じて、種子、栽培植物、家畜やその近縁野生種の遺伝的多様性を維持し、国際的な合意にもとづき、遺伝資源やそれに関連する伝統的な知識の利用と、利用から生じる利益の公正・公平な配分を促進する。	環境マネジメント	調達
Goal 3 （保健）	3.1	2030年までに、世界の妊産婦の死亡率を出生10万人あたり70人未満にまで下げる。	労働・人権	共通
Goal 3 （保健）	3.3	2030年までに、エイズ、結核、マラリア、顧みられない熱帯病といった感染症を根絶し、肝炎、水系感染症、その他の感染症に立ち向かう。	経営・管理	共通
Goal 3 （保健）	3.5	麻薬・薬物乱用や有害なアルコール摂取の防止や治療を強化する。	経営・管理	販売
Goal 3 （保健）	3.6	2020年までに、世界の道路交通事故による死傷者の数を半分に減らす。	経営・管理	物流
Goal 3 （保健）	3.8	すべての人々が、経済的リスクに対する保護、質が高く不可欠な保健サービスや、安全・効果的で質が高く安価な必須医薬品やワクチンを利用できるようになることを含む、ユニバーサル・ヘルス・カバレッジ（UHC）を達成する。	労働・人権	共通
Goal 3 （保健）	3.9	2030年までに、有害化学物質や大気・水質・土壌の汚染による死亡や疾病の数を大幅に減らす。	環境マネジメント	共通
Goal 3 （保健）	3.a	すべての国々で適切に、たばこの規制に関する世界保健機関枠組条約の実施を強化する。	経営・管理	共通
Goal 4 （教育）	4.1	2030年までに、すべての少女と少年が、適切で効果的な学習成果をもたらす、無償かつ公正で質の高い初等教育・中等教育を修了できるようにする。	労働・人権	共通
Goal 4 （教育）	4.2	2030年までに、すべての少女と少年が、初等教育を受ける準備が整うよう、乳幼児向けの質の高い発達支援やケア、就学前教育を受けられるようにする。	労働・人権	共通
Goal 4 （教育）	4.3	2030年までに、すべての女性と男性が、手頃な価格で質の高い技術教育や職業教育、そして大学を含む高等教育を平等に受けられるようにする。	労働・人権	共通
Goal 4 （教育）	4.4	2030年までに、就職や働きがいのある人間らしい仕事、起業に必要な、技術的・職業的スキルなどの技能をもつ若者と成人の数を大幅に増やす。	労働・人権	共通
Goal 4 （教育）	4.7	2030年までに、すべての学習者が、とりわけ持続可能な開発のための教育と、持続可能なライフスタイル、人権、ジェンダー平等、平和と非暴力文化の推進、グローバル・シチズンシップ（＝地球市民の精神）、文化多様性の尊重、持続可能な開発に文化が貢献することの価値認識、などの教育を通して、持続可能な開発を促進するために必要な知識とスキルを確実に習得できるようにする。	労働・人権	共通

SDG 行動	具体的行動の例
適正な価格や査定基準による取引	・フェアトレード認証の取得 ・原材料を適正な価格で安定的に調達する
低所得者層が購入しやすい価格と販売方法の採用	・小口販売 ・製品のサービス化（product as a Service）による購入型販売から利用型販売の提供 ・共同購入制度の導入 ・定期購入による割引制度
従業員の生活の安定に資する労働条件の改善	・最低賃金以上の報酬の支払い
安全・栄養に配慮した食料の生産	・有機農産物・無農薬栽培・オーガニック ・機能性表示食品や特定保健用食品の生産 ・ゲノム編集・遺伝子組み換え食物に関わる生産への配慮
従業員への安全・栄養に配慮した食事の提供	・社員食堂で栄養に配慮した食事の提供 ・社員食堂や販売を通じた TABLE FOR TWO への参加 ・フードバンクの活用
安全・栄養に配慮した食料生産・販売	・衛生に配慮した食品の包装 ・栄養に留意した畜産・水産（飼料を工夫するなど）
小規模食料生産者からの調達	・国際フェアトレード基準の順守 ・調達ガイドラインで「小規模農家への配慮」の旨を明記 ・「小規模農家に配慮した調達の実施」
持続可能な食料生産	・土壌の診断とその結果の活用 ・化学肥料・化学合成農薬の使用低減の取り組み ・循環型農業を実施するためのスマート農業の導入 　（AI 導入による土壌管理、熱・光源の管理、農薬使用の削減）
遺伝資源の公正なアクセスと衡平な配分	・遺伝資源に関する国際ルールを順守していること
社内における妊産婦の労働環境整備	・短縮勤務の実施 ・管理者向け研修 ・妊娠中の通勤緩和、妊娠中の休憩に関する措置、妊娠中又は出産後の症状等に対応する措置 ・産休制度及び復帰後の対等な処遇、妊産婦のテレワークの実施 ・配偶者が妊娠・出産した従業員のテレワークの実施
（新型コロナウイルスなどの）国内の感染症対策への貢献・対応及び企業内での感染症対策	・国内での不足物資の増産・新規生産 ・テレワークなど従業員及び顧客の感染リスク低減措置の実施
薬やアルコールの適正販売	・飲酒リテラシー向上支援 ・アルコール販売時の販売説明
交通事故防止の取り組み	・適切な労務管理（過労運転の防止等） ・ドライバーへの安全教育の徹底 ・ドライバーアシストシステム搭載車両の採用
従業員の疾病予防、早期発見と治療	・健康経営の実施 ・データヘルスの導入
有害化学物質の使用・排出抑制、大気、水質及び土壌汚染の回避	・基準を明記（特定の有害物質を禁止したり、制限量を定めたりする）した調達 ・排出量などに関して自社の経営方針や中長期戦略に明記 ・運搬における環境配慮型車両の導入 ・循環型農業の実施 ・関連第三者認証の取得
禁煙のための環境の整備	・会社敷地内での全面禁煙 ・従業員への禁煙教育の実施
初等教育・中等教育への貢献	・教育との連携（職業関連授業などへの貢献） ・オンライン授業の整備・支援
保育・就業前学習への支援	・社内保育所の設置 ・テレワークや裁量労働制の実施 ・保育園費用の援助
従業員や市民への技術・職業教育及びスキル習得支援	・アフターコロナを見据えた、スキルの定義による再訓練、企業内失業者のリスクリーニング（再教育）、職業訓練 ・従業員の再教育制度 ・従業員に対する研修制度 ・インターンシップの実施
従業員や市民への持続可能な開発に関する教育や普及	・各部門に適用したサステナビリティに関する研修の実施 ・持続可能なサプライチェーン管理に対する（工場等）見学の受け入れ

SDGs		新訳ターゲット	カテゴリー	サプライ・チェーン・プロセス
Goal 5（ジェンダー）	5	ジェンダー平等を達成し、すべての女性・少女のエンパワーメントを行う	労働・人権	共通
Goal 5（ジェンダー）	5.1	あらゆる場所で、すべての女性・少女に対するあらゆる形態の差別をなくす。	労働・人権	共通
Goal 5（ジェンダー）	5.2	人身売買や性的・その他の搾取を含む、公的・私的な場で、すべての女性・少女に対するあらゆる形態の暴力をなくす。	労働・人権	共通
Goal 5（ジェンダー）	5.4	公共サービス、インフラ、社会保障政策の提供や、各国の状況に応じた世帯・家族内での責任分担を通じて、無報酬の育児・介護や家事労働を認識し評価する。	労働・人権	共通
Goal 5（ジェンダー）	5.5	政治、経済、公共の場でのあらゆるレベルの意思決定において、完全で効果的な女性の参画と平等なリーダーシップの機会を確保する。	労働・人権	共通
Goal 6（水・衛生）	6.3	2030年までに、汚染を減らし、投棄をなくし、有害な化学物質や危険物の放出を最小化し、未処理の排水の割合を半減させ、再生利用と安全な再利用を世界中で大幅に増やすことによって、水質を改善する。	環境マネジメント	生産
Goal 6（水・衛生）	6.4	2030年までに、水不足に対処し、水不足の影響を受ける人々の数を大幅に減らすために、あらゆるセクターで水の利用効率を大幅に改善し、淡水の持続可能な採取・供給を確実にする。	環境マネジメント	共通
Goal 6（水・衛生）	6.6	2020年までに、山地、森林、湿地、河川、帯水層、湖沼を含めて、水系生態系の保護・回復を行う。	環境マネジメント	生産
Goal 7（エネルギー）	7.2	2030年までに、世界のエネルギーミックスにおける再生可能エネルギーの割合を大幅に増やす。	環境マネジメント	共通
Goal 7（エネルギー）	7.3	2030年までに、世界全体のエネルギー効率の改善率を倍増させる。	気候変動	共通
Goal 8（成長・雇用）	8	すべての人々にとって、持続的でだれも排除しない持続可能な経済成長、完全かつ生産的な雇用、働きがいのある人間らしい仕事（ディーセント・ワーク）を促進する	労働・人権	物流
Goal 8（成長・雇用）	8.5	2030年までに、若者や障害者を含むすべての女性と男性にとって、完全かつ生産的な雇用と働きがいのある人間らしい仕事（ディーセント・ワーク）を実現し、同一労働同一賃金を達成する。	労働・人権	共通
Goal 8（成長・雇用）	8.6	2020年までに、就労、就学、職業訓練のいずれも行っていない若者の割合を大幅に減らす。	労働・人権	共通
Goal 8（成長・雇用）	8.7	強制労働を完全になくし、現代的奴隷制と人身売買を終わらせ、子ども兵士の募集・使用を含めた、最悪の形態の児童労働を確実に禁止・撤廃するための効果的な措置をただちに実施し、2025年までにあらゆる形態の児童労働をなくす。	労働・人権	共通
Goal 8（成長・雇用）	8.8	移住労働者、特に女性の移住労働者や不安定な雇用状態にある人々を含め、すべての労働者を対象に、労働基本権を保護し安全・安心な労働環境を促進する。	労働・人権	共通
Goal 9（イノベーション）	9	レジリエントなインフラを構築し、だれもが参画できる持続可能な産業化を促進し、イノベーションを推進する	経営・管理	物流
			経営・管理	販売
Goal 9（イノベーション）	9.4	2030年までに、インフラを改良し持続可能な産業につくり変える。そのために、すべての国々が自国の能力に応じた取り組みを行いながら、資源利用効率の向上とクリーンで環境に配慮した技術・産業プロセスの導入を拡大する。	経営・管理	共通
			環境マネジメント	物流
			環境マネジメント	生産
Goal 9（イノベーション）	9.5	2030年までに、開発途上国をはじめとするすべての国々で科学研究を強化し、産業セクターの技術能力を向上させる。そのために、イノベーションを促進し、100万人あたりの研究開発従事者の数を大幅に増やし、官民による研究開発費を増加する。	経営・管理	生産
Goal 10（不平等）	10	国内および各国間の不平等を減らす	経営・管理	販売

SDG 行動	具体的行動の例
LGBT への配慮	・就業規則への性的志向・性自認に関する差別禁止の明文化 ・ジェンダーフリートイレの設置 ・トランスジェンダーガイドラインの発行 ・同性パートナーを配偶者と認める人事制度（結婚休暇、出産休暇、結婚祝い金） ・多様な人材登用推進の専任部署（ダイバーシティー推進室）
職場での男女差別撤廃（ポジティブ・アクションを含む）や女性に配慮した職場環境の実現	・女性の積極的な採用 ・性別を問わない公平な人事評価制度 ・産休・育休・介護休・復職の制度 ・男女ともに配送しやすいシステム、設備
女性に対する暴力・ハラスメントの予防及び告発制度の整備	・暴力やハラスメントに関する研修の実施 ・相談窓口の設置
（男性を含む）家事・育児・介護と労働の両立のための取り組み	・育児休暇制度の確立と滞りない実施 ・介護休暇制度の確立と滞りない実施 ・フレキシブルな労働時間設定の制度
社内の女性の管理職を増やすための取り組み	・女性のリーダーを育成するための研修 ・女性の管理職割合などに関する目標の設定 ・女性リーダーを生み出すための制度と規範づくり」
水質の改善や水資源の保全	・工場の排水処理技術やシステムの導入 ・オーガニック農法への転換
水の効率的利用	・雨水・雑用水・再生水利用 ・節水技術利用
水に関連する生態系の保護・回復への取り組み	・水源地域への植林や水源林保全活動 ・水源地の土壌回復に向けた取り組み
再生可能エネルギーの利用	・再生可能エネルギーを電源として選択 ・RE100、EP100への参加 ・ソーラーパネルなど、再生可能エネルギー技術を導入し、事業者自らが発電
エネルギー使用効率の改善	・EV、FCV や低公害車の導入 ・モーダルシフト ・製品ライフサイクルを通じたエネルギー効率改善
ドライバーの労働力不足解消の取り組み	・「ホワイト物流」推進運動への賛同 ・女性・高齢ドライバーが働きやすい「ホワイト」な労働環境の実現 ・再配達を防止するための取り組み（駅前引き取りロッカー）
従業員への適切な労働条件、職場環境の提供	・適切な就業規則の作成 ・同一労働同一賃金の実現 ・従業員における障害者への配慮（障害者トイレの設置、障害者雇用率） ・障害者やニートの積極的雇用 ・農福連携への取組
若者の就業修学・職業訓練の促進	・若手が定着する職場づくり（新人研修、○歳以下を対象とした独身寮） ・（正規社員としての）新卒採用 ・○歳以下・未満に限定したキャリア採用 ・若者の非正規雇用者から正社員への登用
労働者の最低年齢の遵守	・サプライチェーン全体における児童労働の排除
安全・安心な労働環境の提供	・ISO45001等の取得 ・国の指針（快適な職場環境の形成のための措置）への対応
ビッグデータなどの IT を活用した持続可能な物流システムの構築	・ドライバー不足や低積載率を解消する予測 ・ドローン配送の社会実装の試み
生産性向上に貢献する技術を活用した販売	・キャッシュレス清算（クレジットカード、電子マネー、デビットカード） ・無人搬送システム
環境や生産効率性を重視した業務方法の採用	・ライフサイクルマネジメントの徹底 ・デカップリングの計測による実証
環境に配慮した配送	・共同配送 ・モーダルシフト ・EV、FCV や低公害車の導入 ・バイオジェット燃料
環境に配慮した（例えば、二酸化炭素削減）技術・プロセス・仕組みの採用	・再生可能エネルギーの利用 ・代替材料の採用 ・夜間電力やコジェネレーションの適用 ・設備能力の適切化
研究開発投資	
買物弱者（難民）対策	・自宅までの配送 ・移動販売 ・移動手段の提供

SDGs		新訳ターゲット	カテゴリー	サプライチェーン・プロセス
Goal 10（不平等）	10.2	2030年までに、年齢、性別、障害、人種、民族、出自、宗教、経済的地位やその他の状況にかかわらず、すべての人々に社会的・経済的・政治的に排除されず参画できる力を与え、その参画を推進する。	労働・人権	共通
Goal 10（不平等）	10.3	差別的な法律や政策、慣行を撤廃し、関連する適切な立法や政策、行動を推進することによって、機会均等を確保し、結果の不平等を減らす。	労働・人権	共通
Goal 10（不平等）	10.7	計画的でよく管理された移住政策の実施などにより、秩序のとれた、安全かつ正規の、責任ある移住や人の移動を促進する。	労働・人権	共通
Goal 10（不平等）	10.a	世界貿易機関（WTO）協定に従い、開発途上国、特に後発開発途上国に対して「特別かつ異なる待遇（S&D）」の原則を適用する。	経営・管理	調達
Goal 11（都市）	11.2	2030年までに、弱い立場にある人々、女性、子ども、障害者、高齢者のニーズに特に配慮しながら、とりわけ公共交通機関の拡大によって交通の安全性を改善して、すべての人々が、安全で、手頃な価格の、使いやすく持続可能な輸送システムを利用できるようにする。	労働・人権	物流
Goal 11（都市）	11.4	世界の文化遺産・自然遺産を保護・保全する取り組みを強化する。	環境マネジメント	共通
Goal 11（都市）	11.5	2030年までに、貧困層や弱い立場にある人々の保護に焦点をあてながら、水関連災害を含め、災害による死者や被災者の数を大きく減らし、世界のGDP比における直接的経済損失を大幅に縮小する。	環境マネジメント	物流
Goal 12（生産・消費）	12	持続可能な消費・生産形態を確実にする	環境マネジメント	共通
			環境マネジメント	販売
Goal 12（生産・消費）	12.1	先進国主導のもと、開発途上国の開発状況や能力を考慮しつつ、すべての国々が行動を起こし、「持続可能な消費と生産に関する10年計画枠組み（10YFP）」を実施する。	環境マネジメント	生産
Goal 12（生産・消費）	12.4	2020年までに、合意された国際的な枠組みに従い、製品ライフサイクル全体を通して化学物資や廃棄物の環境に配慮した管理を実現し、人の健康や環境への悪影響を最小限に抑えるため、大気、水、土壌への化学物質や廃棄物の放出を大幅に減らす。	環境マネジメント	生産
Goal 12（生産・消費）	12.5	2030年までに、廃棄物の発生を、予防、削減（リデュース）、再生利用（リサイクル）や再利用（リユース）により大幅に減らす。	環境マネジメント	共通
Goal 12（生産・消費）	12.6	企業、特に大企業や多国籍企業に対し、持続可能な取り組みを導入し、持続可能性に関する情報を定期報告に盛り込むよう促す。	環境マネジメント	共通
Goal 13（気候変動）	13.1	すべての国々で、気候関連の災害や自然災害に対するレジリエンスと適応力を強化する。	気候変動	共通
Goal 13（気候変動）	13.3	気候変動の緩和策と適応策、影響の軽減、早期警戒に関する教育、啓発、人的能力、組織の対応能力を改善する。	気候変動	共通
Goal 14（海洋資源）	14.1	2025年までに、海洋堆積物や富栄養化を含め、特に陸上活動からの汚染による、あらゆる種類の海洋汚染を防ぎ大幅に減らす。	環境マネジメント	共通
			環境マネジメント	共通
Goal 14（海洋資源）	14.2	2020年までに、重大な悪影響を回避するため、レジリエンスを高めることなどによって海洋・沿岸の生態系を持続可能な形で管理・保護する。また、健全で豊かな海洋を実現するため、生態系の回復に向けた取り組みを行う。	環境マネジメント	調達
Goal 14（海洋資源）	14.b	小規模で伝統的漁法の漁業者が、海洋資源を利用し市場に参入できるようにする。	経営・管理	調達
Goal 15（陸上資源）	15.3	2030年までに、砂漠化を食い止め、砂漠化や干ばつ、洪水の影響を受けた土地を含む劣化した土地と土壌を回復させ、土地劣化を引き起こさない世界の実現に尽力する。	環境マネジメント	生産
Goal 15（陸上資源）	15.4	2030年までに、持続可能な開発に不可欠な恩恵をもたらす能力を高めるため、生物多様性を含む山岳生態系の保全を確実に行う。	環境マネジメント	共通
Goal 15（陸上資源）	15.5	自然生息地の劣化を抑え、生物多様性の損失を止め、2020年までに絶滅危惧種を保護して絶滅を防ぐため、緊急かつ有効な対策を取る。	環境マネジメント	調達
Goal 15（陸上資源）	15.7	保護の対象となっている動植物種の密猟や違法取引をなくすための緊急対策を実施し、違法な野生生物製品の需要と供給の両方に対処する。	環境マネジメント	調達

SDG 行動	具体的行動の例
ユニバーサル・デザインの採用	・カラーユニバーサルデザイン認証の取得 ・ユニバーサルデザインフォントの導入
従業員の成果を平等に評価する仕組み	・360°評価の採用 ・成果を重要視した評価制度の採用
外国人従業員への適切な労働条件、職場環境の提供	・日本人従業員に向けた外国人労働者に対する差別を無くすための研修の実施
優遇措置に沿った取引の実施	・フェアトレードなどの実施
交通難民の解消	・過疎地域での持続可能な物流システムの構築（貨客混載） ・ラストワンマイルの解消（新たな交通システムの開発等）
世界文化遺産や自然遺産の保護	・ワーケーションを通じた従業員の文化遺産や自然遺産の保全活動
災害発生時にも対応しうる安定的な物流の提供	・BCPの整理、担当者の配置や権限及び運用マニュアルの再確認と企業リスクの開示
社内で利用する消耗品の環境への配慮	・事務用品などのグリーン購入
サステナブルな商品陳列や販売方法の採用	・包装を減らした商品の陳列 ・サステナブル認証付きの商品の陳列 ・地産地消商品の販売 ・生産者情報の表示
持続可能な生産に関する長期計画や指針の策定	・持続可能な生産方法の検討と実践 ・指針や計画の実施 ・SDGsに関するトップコミットメントの公表
工場などにおける化学物質・廃棄物の削減	・廃棄物の削減目標を掲げる ・化学物質や廃棄物の削減に関する取り組み
ライフサイクルにおける4R（リデュース、リユース、リサイクル、リフューズ）の実践	・レジ袋の削減 ・（飲食店などでの）割り箸削減 ・簡易包装 ・折り畳みコンテナの使用 ・食品ロスを削減する仕組み ・使用済製品、部品、容器の回収 ・注文生産の実施 ・生産者による直接販売の実施
持続可能性に関する情報の定期的な報告	・サステナビリティ報告書や統合報告書などの定期報告
気候変動適応への取り組み	・ハザードマップを活用した避難訓練の実施 ・避難ガイドラインの策定 ・調達に関するリスク管理（例えば、シミュレーションによるシナリオ分析の活用等） ・取引先の気候変動問題への理解と取り組み（計画）の確認 ・事業所を水害の少ない場所に選定
気候変動に関する教育、広報、普及	・気候変動教育プログラムの実施 ・気候変動問題の普及啓発
社内での海洋マイクロプラスチックの問題の解決	・海洋ゴミの清掃 ・社内でのプラスチックごみ削減の取り組み ・従業員への海洋プラスチックごみに関する環境学習 ・サプライチェーン全体でのプラスチック削減
海洋汚染の原因となる事象の防止	・レジ袋の削減 ・脱プラスチックの取り組み（ペットボトルの廃止） ・生産場面での歯磨きやコスメなどへのマイクロビーズの使用禁止
海洋生態系の影響と持続可能な管理にもとづく調達	・MSC認証やASC認証のあるものの調達
小規模漁業者への配慮	・小規模伝統漁業に配慮した調達
土壌の回復	・環境保全型農業、環境循環型農業の実施
生物多様性保全の取組	・健全な森づくりに向けた林業経営や森林サービス産業への参入 ・植林、間伐などの水源や山林保全による環境創出 ・保全に貢献する新技術や商品の開発 ・環境認証商品の取扱や広報
絶滅危惧種の保護	・レッドリストを反映させた責任なる調達基準の設定 ・バイオ技術を用いた希少植物の保護・育成・培養
密猟や違法取引の緊急対策	・危機に瀕している野生動植物の違法取引や密猟につながらない調達基準の設定

SDGs		新訳ターゲット	カテゴリー	サプライチェーン・プロセス
Goal 15（陸上資源）	15.8	2020年までに、外来種の侵入を防ぐとともに、これらの外来種が陸や海の生態系に及ぼす影響を大幅に減らすための対策を導入し、優占種を制御または一掃する。	環境マネジメント	共通
Goal 16（平和）	16.1	すべての場所で、あらゆる形態の暴力と暴力関連の死亡率を大幅に減らす。	労働・人権	共通
Goal 16（平和）	16.2	子どもに対する虐待、搾取、人身売買、あらゆる形態の暴力、そして子どもの拷問をなくす。	労働・人権	共通
Goal 16（平和）	16.4	2030年までに、違法な資金の流れや武器の流通を大幅に減らし、奪われた財産の回収や返還を強化し、あらゆる形態の組織犯罪を根絶する。	経営・管理	共通
			経営・管理	調達
Goal 16（平和）	16.5	あらゆる形態の汚職や贈賄を大幅に減らす。	経営・管理	共通
Goal 16（平和）	16.b	持続可能な開発のための差別的でない法律や政策を推進し施行する。	労働・人権	共通
Goal 17（実施手段）	17.16	すべての国々、特に開発途上国において「SDGs（持続可能な開発目標）」の達成を支援するために、知識、専門的知見、技術、資金源を動員・共有するマルチステークホルダー・パートナーシップによって補完される、「持続可能な開発のためのグローバル・パートナーシップ」を強化する。	経営・管理	共通
Goal 17（実施手段）	17.17	さまざまなパートナーシップの経験や資源戦略にもとづき、効果的な公的、官民、市民社会のパートナーシップを奨励し、推進する。	経営・管理	共通

SDG 行動	具体的行動の例
外来種の侵入に対するリスク管理	・企業活動に伴う外来種の非意図的侵入の予防、侵入時の適切な対応 ・生態系や環境に影響を与える外来種の輸入に対する法令の遵守 ・ユーザーへの啓発活動（飼っている外来種ペットは死ぬまで面倒をみるなど、ペットの飼い主の社会責任の啓発活動など）
職場での暴力やパワー・ハラスメントの予防	・社内にハラスメント防止委員会を設置 ・管理職向けのパワー・ハラスメント研修 ・社内相談窓口の設置 ・パワー・ハラスメントに関する社内調査
子供への安全確保への取り組み	・地域の防犯パトロール活動 ・会社における児童相談の仕組み構築
反社会的勢力排除に向けた取り組み	・「反社会的勢力に対する基本方針」の策定
紛争鉱物の取引きを行わない	・ガイドラインなどに明記 ・紛争鉱物の取引がない
汚職や贈賄の防止	・リスクコントロールに向けた定期的な外部監査の導入 ・内部告発制度の確立
あらゆる差別を解消する取組	・雇用や昇進などの判断基準を企業方針として明文化
国際貢献活動	・エコキャップ活動 ・青年海外協力隊との連携
市民社会や公的機関とのパートナーシップの構築	・社会課題解決に向けた企業協働事業の推進

●執筆者紹介

蟹江 憲史（かにえ のりちか）

慶應義塾大学大学院政策・メディア研究科教授、同大学 SFC 研究所 xSDG・ラボ代表、国連大学サステイナビリティ高等研究所（UNU-IAS）非常勤教授などを兼任。

北九州市立大学講師、助教授、東京工業大学大学院准教授を経て現職。日本政府持続可能な開発目標（SDGs）推進円卓会議構成員、内閣府地方創生推進事務局自治体 SDGs 推進のための有識者検討会委員など、国際的、国内的に SDGs や環境問題を中心に多方面で活躍中。Earth Commission 委員を務め、また2023年 Global Sustainable Development Report 執筆の15人の独立科学者の一人に国連事務総長から選出されている。

主な近著に『SDGs（持続可能な開発目標）』（中央公論新社）、"Governing through Goals: Sustainable Development Goals as Governance Innovation"（The MIT Press、共編著）などがある。

佐久間 信哉（さくま しんや）

慶應義塾大学大学院政策・メディア研究科特任教授。

長年、神奈川県で、様々な先進的な政策創りに関わり、参事監（特区担当）、ヘルスケア・ニューフロンティア推進局長や保健福祉局長等を経て2017年に早期退職。現在、慶應義塾大学 SFC 研究所 xSDG・ラボメンバーや湘南みらい都市研究機構事務局長等として複数の研究活動に携わる傍ら、鎌倉市行政委員、湘南鎌倉医療大学評議員、医療法人や民間企業等の理事やアドバイザーを務める。

高木 超（たかぎ こすも）

慶應義塾大学大学院政策・メディア研究科特任助教。国連大学サ
ステイナビリティ高等研究所いしかわ・かなざわオペレーティン
グ・ユニット研究員。

NPO 等を経て、2012 年から神奈川県大和市の職員として住民協
働等を担当。2017年に退職し、渡米。「自治体における SDGs の
ローカライズ」等に関する研究を行い、帰国後の2019年から現職
（国連大学は同年着任）。内閣府地域活性化伝道師、鎌倉市 SDGs
推進アドバイザー、亀岡市参与（SDGs アドバイザー）、川崎市
SDGs 推進アドバイザー、能登 SDGs ラボ連携研究員。著書に
『SDGs ×自治体 実践ガイドブック 現場で活かせる知識と手法』
（学芸出版社）、『まちの未来を描く！自治体の SDGs』（学陽書
房）。

サービス・インフォメーション
―――――――――――――――――――――――― 通話無料 ――――

①商品に関するご照会・お申込みのご依頼
　　　　　　TEL 0120(203)694／FAX 0120(302)640
②ご住所・ご名義等各種変更のご連絡
　　　　　　TEL 0120(203)696／FAX 0120(202)974
③請求・お支払いに関するご照会・ご要望
　　　　　　TEL 0120(203)695／FAX 0120(202)973

●フリーダイヤル(TEL)の受付時間は、土・日・祝日を除く
　9:00〜17:30です。
●FAXは24時間受け付けておりますので、あわせてご利用ください。

企業のリアルな事例でわかる
SDGs の課題別推進方法

2021年10月5日　初版発行

著　　者　　蟹江憲史・佐久間信哉・高木超
発 行 者　　田　中　英　弥
発 行 所　　第一法規株式会社
　　　　　　〒107-8560　東京都港区南青山2-11-17
　　　　　　ホームページ https://www.daiichihoki.co.jp/
デ ザ イ ン　　コミュニケーションアーツ株式会社

SDGs事例　ISBN978-4-474-07269-5　C2034 (4)

こうしたターゲットを今後掲げていくことが求められる。

　また、目標17のターゲットは、その内容が資金、技術、能力構築、貿易、実施体制、モニタリングなど広範に及び、その数も17の目標中最大であり、「グローバル・パートナーシップ」がなければSDGsの達成がおぼつかないことが伝わってくる。なお、ターゲット17.19には、「2030年までに、持続可能な開発目標の進捗状況を測る、GDPを補完する尺度の開発に向けた既存の取り組みをさらに強化し」とある。GDPについては、これまでも家事労働が含まれないことや経済的価値だけでなく、国民の健康や社会・環境などについても重要であり加味すべきとの立場から、各国の豊かさを表す指標としては不十分であると言われて久しい（Stiglitz et al. 2009）。とはいえこれを代替するものは未だない。「誰一人取り残されない」という理念から考えれば、一人ひとりが幸せになることになろう。指標は人の行動に影響することから、こうした指標の開発が求められるところである。

　こうして連なる17の目標と169のターゲットがSDGsのすべてであり、その構造のシンプルさ自体が、SDGsの特徴につながっている。

　SDGsのメッセージ性を大きく高めているのが、17の目標ごとに作られたアイコンとそれに添えられている簡潔な言葉（コピー）である。アイコンをこのように見せるのは、「ノッティングヒルの恋人」や「ブリジット・ジョーンズの日記」等の映画でも知られるリチャード・カーティス氏を中心とするプロジェクトによるものである。国連が、その決定事項について、一般の人とのコミュニケーションにこれほどまでに力を入れたのは初めてといってよい。日本でも多くのビジネスパーソンが上着につけているバッジにもなって

《SDGs の17の目標（新訳）》

目標 1. あらゆる場所で、あらゆる形態の貧困を終わらせる

目標 2. 飢餓を終わらせ、食料の安定確保と栄養状態の改善を実現し、持続可能な農業を促進する

目標 3. あらゆる年齢のすべての人々の健康的な生活を確実にし、福祉を推進する

目標 4. すべての人々に、だれもが受けられる公平で質の高い教育を提供し、生涯学習の機会を促進する

目標 5. ジェンダー平等を達成し、すべての女性・少女のエンパワーメント（※1）を行う

目標 6. すべての人々が水と衛生施設を利用できるようにし、持続可能な水・衛生管理を確実にする

目標 7. すべての人々が、手頃な価格で信頼性の高い持続可能で現代的なエネルギーを利用できるようにする

目標 8. すべての人々にとって、持続的でだれも排除しない持続可能な経済成長、完全かつ生産的な雇用、働きがいのある人間らしい仕事（ディーセント・ワーク）を促進する

目標 9. レジリエントなインフラを構築し、だれもが参画できる持続可能な産業化を促進し、イノベーションを推進する

目標 10. 国内および各国間の不平等を減らす

図表 1-3「17の目標一覧表（新訳）」（出典＝「SDGs とターゲット新訳」制作

目標 11. 都市や人間の居住地をだれも排除せず安全かつレジリエント（※2）で持続可能にする

目標 12. 持続可能な消費・生産形態を確実にする

目標 13. 気候変動とその影響に立ち向かうため、緊急対策を実施する

目標 14. 持続可能な開発のために、海洋や海洋資源を保全し持続可能な形で利用する

目標 15. 陸の生態系を保護・回復するとともに持続可能な利用を推進し、持続可能な森林管理を行い、砂漠化を食い止め、土地劣化を阻止・回復し、生物多様性の損失を止める

目標 16. 持続可能な開発のための平和でだれをも受け入れる社会を促進し、すべての人々が司法を利用できるようにし、あらゆるレベルにおいて効果的で説明責任がありだれも排除しないしくみを構築する

目標 17. 実施手段を強化し、「持続可能な開発のためのグローバル・パートナーシップ」を活性化する

（※1）エンパワーメント：一人ひとりが、自らの意思で決定をし、状況を変革していく力を身につけること
（※2）レジリエント：レジリエンス（回復力、立ち直る力、復元力、耐性、しなやかな強さ）の形容詞

委員会が作成（2020年9月公開）したものから17の目標だけを抽出して引用）

いるSDGsホイールもこのプロジェクトの成果であり、スウェーデン出身のデザイナーであるヤーコブ・トロールベック氏らがその中核にいる。

　日本では、博報堂の川廷昌弘氏をはじめとする有志のボランタリーな活動によって、優れて伝わりやすい日本語化が行われた。優れたパートナーシップによって日本語化されたコピーが作り出されたこと自体が、正にSDGsにふさわしいと言える 。

目標ベースのガバナンスとバックキャスティング

　SDGs には、17の目標と169のターゲットしかない。多国間の取

```
┌────────────────────────────────────────────────────────────────┐
│ 世界貿易機関を設立するマラケシュ協定（WTO 協定）                     │
│ ┌──────────────────────────────────────────────────────────┐   │
│ │ 世界貿易機関を設立するマラケシュ協定（WTO設立協定）              │   │
│ └──────────────────────────────────────────────────────────┘   │
│   物品の貿易に関する多角的協定 [ANNEX 1A]                          │
│     ── 千九百九十四年の関税及び貿易に関する一般協定（1994年のGATT）  │
│     ── 農業に関する協定                                           │
│     ── 衛生植物検疫措置（SPS）の適用に関する協定                    │
│     ── 繊維及び繊維製品（衣類を含む）に関する協定                    │
│     ── 貿易の技術的障害（TBT）に関する協定                         │
│     ── 貿易に関連する投資措置に関する協定（TRIMs）                  │
│     ── アンチ・ダンピング協定                                      │
│     ── 関税評価に関する協定                                        │
│     ── 船積み前検査に関する協定（PSI）                             │
│     ── 原産地規則に関する協定                                      │
│     ── 輸入許可手続に関する協定                                    │
│     ── 補助金及び相殺措置に関する協定（SCM）                        │
│     ── セーフガードに関する協定                                    │
│   ── サービスの貿易に関する一般協定（GATS）[ANNEX 1B]               │
│   ── 知的所有権の貿易関連の側面に関する協定（TRIPS）[ANNEX 1C]      │
│   ── 紛争解決に係る規則及び手続に関する了解 [ANNEX 2]              │
│   ── 貿易政策検討制度（TPRM）[ANNEX 3]                           │
│   ⋯ 複数国間貿易協定 [ANNEX 4]（注）                              │
│     ── 民間航空機貿易に関する協定                                  │
│     ── 政府調達に関する協定                                        │
│ （注）国際酪農品協定及び国際牛肉協定は、1995年から 3 年間有効とされていたが、│
│ 1998年以降の延長はしないとの決定がなされたため、1997年末に失効した。        │
└────────────────────────────────────────────────────────────────┘
```

図表 1-4　「WTO 協定の構成図」
（出典＝経済産業省「不公正貿易報告書」）